말 놓을 용기

말 놓을 용기

이성민

관계와 문화를
바꾸는
실전 평어 모험

민음사

디학과 릿터에게

'예의 있는 반말' 개념을 처음 접하는 사람은 더러 앞의 수식어에 괄호 친 채 공적 자리에서 반말을 쓰는 상황 자체를 문제로 본다. 서로 존댓말을 쓰는 세상에서는 영영 전쟁이 일어나지 않을 것처럼 말이다. 그런 관점에서는 평어를 쓰다 위기에 빠진 내 상황이 괜히 언어를 바꿔서 벌어진 지역전처럼 보일지 모른다. 하지만 '갑질'이나 '들이받음' 같은 예상치 못한 갈등은 늘 말보다 더 깊고 어두운 곳에서 시작한다.

　　　평어 쓰는 사이에서 발생한 문제는 어떻게 풀어야 할까? 주위 사람들이 나눠 준 혜안은 '일단 거리를 둔다'였다. 친구는 아니지만 적도 아닌 많은 사회적 관계에서 그렇게 하듯이 말이다. 평어를 쓰며 나는 회사 동료들과 업무 밖 영역을 상의할 수 있는 창구가 생겼고, 내가 원하는 바를 더 정확히 말할 작은 자유를 얻었다. 앞으로의 여정에 참고할 또 다른 교훈은 모험에서 마주한 적을 항상 죽이지 않아도 된다는 것이다.

── 맹미선[1]

1　　　맹미선, 「아직 끝나지 않은 모험」, 《릿터》 39호, 2022년 12월.

차례

서문

평어는 '이름 호칭 + 반말'로 이루어진 새로운 한국말이다. 그것으로 우리는 평어 모임을 만들 수 있다. 그렇지만 모임 바깥에서도 평어를 사용하는 평어 관계를 만들 수도 있다. 나와 이제는 평어 관계인 이 책의 편집자는 내게 보내는 업무 메일을 이렇게 시작한다. "성민 안녕, 기현이야." 만나서 인사를 할 때 평어 관계의 사람들은 고개를 아래로 숙이지 않고 종종 손을 옆으로 흔든다.

　나는 이 새로운 말이 반말을 이용하기는 하지만 반말은 아니라고 하고 싶다. 한국말에는 이제 반말과 존댓말이 있고 또한 평어가 있다고. 평어를 반말이 아닌 것으로 치고 싶은 것은 이름 호칭 때문만이 아니다. 우선 평어는 반말과는 달리 한쪽만 쓸 수 있는 말이 아니다. 다시 말해서 "그럼 너는 존댓말을 써, 나는 평어를 쓰겠어."라는 말은 뜻을 이룰 수가 없다. 평어는 정의상 서로 사용하는 말이다.

평어와 반말의 또 다른 차이는 '너'의 사용에 있다. 평어에서는 '너'를 사용하지 않는 경우가 아직 많다. 이 점에서 평어는 친구들끼리 사용하는 반말과는 다르다. 적어도 나의 경험으로는 그렇다. 예의 있는 반말이라고도 불리는 평어에서 '너'의 사용이 자유롭지 않은 까닭 중 하나는 반말 '너' 사용의 부정적 경험일 것이다. 한국 사람이라면 다 아는 "너, 지금 '너'라고 했어?"의 사나운 너. 그렇지만 이것이 다일까? 너에게로 다가갈 수 없는 수줍음이 아직 조금 남은 것 아닐까? 언젠가 "너, 지금 '너'라고 했어?"의 반가운 너를 예감하고 있다. 아직 '너' 사용을 삼가는 평어 사용자들의 직관은 '너'를 찾는 모험을 선물처럼 남겨 놓는다.

나는 인터넷으로 '평어'를 검색해 본다. 그리고 이제 평어를 사용하는 사람들, 모임들, 활동들이 아주 많다는 것을 발견한다. 디학에서 열매를 맺은 평어의 씨앗이 민음사의 땅으로 날아갔을 때, 나는 평어의 현재가 두 개나 다섯 개의 새싹처럼 보였다. 그것이 다시 경희대학교의 강의실로 날아들었다는 소식을 들었을 때는 다시 세 개나 여덟 개의 묘목처럼 보였다. 그리고 지금은 세는 것이 무의미해 보인다. 4월의 산책길에서 꽃이 핀 나무를 세는 것이 무의미하듯.

디학[1]의 열매인 『예의 있는 반말』(텍스트프레스, 2021)은 평어 사용자들의 생생한 체험기를 신고 있다. 체험기로 말하자면 《릿터》 34호와 39호에 실린 민음사 사람들의 글들도 정말 흥미로우며 때로는 마음을 움직인다. "평어는 우리 언어와 생각과 태도를 일상에서 여행지로 옮겨 주는 듯하다. 주변의 불필요한 정보들은 없애 버리고 진짜 중요하고 간절한 것들만 남게 한다."[2]

그리고 체험 자체로 말하자면 이렇다. 나는 일주일에 한 번 겨우 두 시간을 디학에 가서 학생들과 평어를 쓴다. 그렇지만 학생들은 거의 매일 만나 평어를

---

1   구성원들 사이에서 '디학'이라고 불리는 이곳은 1년 과정의 디자인 대안 학교이다. 홈페이지 주소는 다음과 같다. http://designerschool.net/

2   최지은, 「그렇게 평어가 시작되었다」, 《릿터》 39호, 2022년 12월.

쓴다. 그리고《릿터》팀은 벌써 1년이 넘는 시간을 매일 평어를 사용하고 있다. 따라서 상대적으로 빈약한 나의 평어 경험은 이제 별로 내세울 것이 없다.

　'평어' 검색을 통해 나는 이혜민의 「요즘 것들의 사생활」이라는 유튜브 방송을 알게 되었다. 일상과 인생에 도움이 되면서도 그 자체로 흥미로운 그런 개성 있는 이야기를 가진 사람들을 초대하여 인터뷰를 하는 이 방송은 올해부터 평어를 사용한다. 방송을 보면서 나는 이 최초의 본격 고품질 평어 콘텐츠 영상물을 신기하게 들여다보고 있는 나 자신을 발견한다.

　　평어 목소리로 직접 들려주는 이런 유익하고 재미난 이야기도 아니고, 그렇다고 생생하거나 감동적인 평어 체험기도 아닌 나의 이 책은 평어 개발자의 글이라는 점을 제외하면 무슨 매력이 있을까? 이 난처한 질문에 직면하여 나는 애니 딜러드가 작가들의 삶에 대해 했던 말을 나를 위한 가림막으로 부질없이도 사용하고 싶어진다. "작가의 삶이 감각의 박탈 상태에 이를 정도로 활기 없다는 것에 대해 놀랄 사람은 아무도 없을 것이다."[3]

　　나는 반말과 평어의 또 하나 남은 차이에서 내 책

의 존재 이유를 조금이라도 찾아본다. 즉 반말과는 달리 평어는 인공적으로 만들어진 언어이다. 다시 말해서, 평어는 어느 날 갑자기 디학이라는 곳에서 사용되기 시작한 말이다. 그렇기에 이 언어의 역사는 아주 짧고, 앞으로 개발되어야 하거나 될 수 있는 것이 사실상 무한하다. 그렇다고 하였을 때, 나의 이 책에는 평어 개발과 관련된, 또는 평어의 미래와 관련된, 몇 가지 아이디어들이 들어 있다. 예를 들어, 평어 번역이나 평어 문학에 대한 생각들, 은유와 농담에 대한 생각들, 호칭에 대한 생각들, 평어의 진화에서 매우 중요할 '너'의 문제에 대한 생각들……. 이러한 생각들은 충분히 전개되지 않은 아주 초보적인 것에 불과하다.[4] 그렇지만 나는 잡는 사람이 임자라는 뜻으로

3   애니 딜러드 저, 이미선 역, 『작가살이』(공존, 2018), 74쪽.
4   평어 대화의 경우 실제로 나는 연구·개발을 하고 싶은 마음이 있었다. 적어도 그런 것이 가능할지 알아보기 위해서, 나는 비즈니스 한국어 책들과 대화 기법이나 대화 구조에 대한 연구들을 찾아보았다. 그리고 상황별 대화들을 수집하고 분류하고 분석하여 평어 대화 모형을 만드는 것이 가능하겠다는 생각이 들었다. 가령 일상 대화에만 주목하는 기존 연구자들과는 달리 김정선은 상거래 대화에 주목하였다. 그것은 특정한 상황에서 뚜렷한 대화의 목적과 일정 과정이 존재하는 대화이며, 목적을 달성

그것들을 공중에 매달아 놓는다.

　이것으로 내 책이 조금이나마 존재 이유를 찾을 수 있더라도 문체가 좀 신경이 쓰인다. 나의 문체는 오랫동안 철학으로 단련된 것이다. 예전에 나는 그것을 무모하게 사랑하였지만, 지금 그것은 미처 버리지 못한 거추장스러움으로 남았다. 몇 년 동안 나는 그 무게를 덜어내려고 노력하였다. 하지만 이 책에 실린 글들에 여전히 그 무게는 많게든 적게든 남아 있다. 무게를 덜고자 술자리 건배와 우리 집 개 이름 등에 대한 아주 작은 글들을 새로 썼다. 거기서 나는 평어를 가지고서 잠깐 존재의 가벼움을 찾으려고 하였다.

　이 책의 이름 『말 놓을 용기』는 민음사 《릿터》 팀이 준 선물이다. 그 이름을 받았을 때 나는 '용기'라는 낱말이 있어서 좋았다. 모험은 용기에서 시작되니까.

하기 위한 다양한 언어 전략을 볼 수 있는 대화이다.(김정선, 『상거래 대화의 구조와 전략』(한국학술정보, 2005), 13쪽.) 그의 연구는 나에게 평어 대화 모형 개발을 위한 기초 연구처럼 보였다. 그러한 모형이 있다면 분명 평어를 도입하려는 기업이나 조직에게 도움이 될 것이다. 나는 대학의 연구자들이 이것에 관심을 가지면 좋겠다. 서재가 아니라 랩에서 할 수 있는 일 같다.

그렇게 시작된 평어의 모험으로 우리가 추구할 수 있는 것 가운데 하나는 아름다움이다. 그렇다는 것을 이 책과 우리들의 말 놓을 용기가 보여 줄 수 있다면 좋겠다. 평어에서 아름다움이 아니라 평등과 정의를 먼저 꿈꾸었던 사람들도 그렇다면 그러한 추구를 미룰 필요가 없을 것인데, 왜냐하면 일레인 스캐리가 말하듯 아름다움은 "정의를 향해 우리에게 압력을 가하[기]"[5] 때문이다.

5   일레인 스캐리 저, 이성민 역, 『아름다움과 정의로움에 대하여』(도서출판b, 2019), 134쪽.

평어와
또래 생각

"평어는 나에게 오래된 꿈이었다.
그것이 꿈인 것은 한 번도
이루지 못하였기 때문이 아니라
이미 이룬 적이 있기 때문이다."

나는 그런 순간들을 나눈 이들을 소중하게 생각하게 된다. 그리고 그것은 내가 그들을 어떤 사람이라고 인식한 것에 앞서 우리가 사용한 말이 가능하게 한 마음이다. 우리가 한 말이 마음을 길어 왔다. — 김화진[1]

경험

「오징어 게임」은 아이들의 놀이를 어른들의 게임으로 전용하여 세계적으로 크게 성공한 드라마다. 이 작품으로 에미상을 수상한 감독 황동혁은 시상식 뒤에 진

---

1   김화진, 「회사에서 평어 쓰기」 중 "말이 길어 오는 마음", 《릿터》 34호, 2022년 2월.

행된 간담회에서 정의로운 사회란 무엇이라고 생각하는지 한 기자에게서 질문을 받았다.

> 정의로운 사회가 무언인가에 대한 대답을 물으신다면 사실 저는 그것을 대답할 만한 어떤 지적 능력이나 경험을 아직 가지고 있지는 않은 것 같고요. 정의롭지 않은 사회가 무엇인지는 아는 것 같아요.[2]

그는 이렇게 답변을 시작하였다. 그리고 자신은 "답을 가지고 있지 않고 문제 제기를 하는 사람"이라고 하면서 답변을 마치었다. 창작가이지만 전형적인 비평가의 입장을 택한 것이다.[3]

---

[2] 「SBS 뉴스」의 기자간담회 동영상. https://www.youtube.com/watch?v=YYNbXgiqSEM

[3] "'당신이 말한 그 문제의 해결책은 무엇이요?' (……) 대부분의 비평가들은 이 질문을 신중하게 생각하지 않는다. 대부분의 경우 그러한 문제를 제기한 것만으로도 자신을 기특하게 여기는 탓이다. 어쨌든 그들은 특정 문제에 대해 실천적 대안을 제시할 만한 능력을 갖추고 있지 못하다. 그들이 문화비평가가 된 이유가 바로 여기에 있다."(닐 포스트먼 저, 김균 역, 『테크노폴리』(궁리, 2005), 237쪽.) 이것은 나로서는 미워하기 힘든 닐 포스트먼이 본인도 포함시켜 약간은 자조적으로 한 말이다.

그렇지만 우리가 택하는 입장과 상관없이 우리의 상식은, 감독 본인에게도 있을 상식은, '정의로운 사회가 무엇인지를 모르고서 도대체 어떻게 정의롭지 않은 사회가 무엇인지를 알 수 있지?'라고 물을 수 있다. 지적 능력까지는 아니더라도 최소한 정의로움의 경험이 없다면 도대체 어떻게?

　　빨간 장미를 경험한 적이 없는 사람이라도 빨강을 안다면 빨갛지 않은 장미를 알아볼 수 있다. 바로 그렇듯 황동혁도 정의로운 사회의 경험은 없어도 정의로움의 경험은 있었을 것이다. 그런데 흥미롭게도 그는 어른들 세계의 정의롭지 않음을 보여 주기 위해서 알다시피 그 세계로 아이들 놀이를 가지고 왔다. 아이들이 정의로움을 신나게 배우고 실천하는 바로 그 놀이를.

　　아이들은 또래들 가운데서 놀이를 하면서 삶과 죽음을 오가며 정의의 감각을 기른다. 아이들의 이 원초적 정의는 금을 밟으면 그 즉시 죽어야 하는 신속한 정의이고, 금을 밟지 않았다고 우기면 곧바로 모두의 눈이 목격자이자 심판관이 되는 강력한 정의이다. 아이들은 이 신속하고 강력한 정의를 바탕으로 정말로 재미난 놀이의 삶을 누린다.

　아주 많은 사람들이 그렇듯 황동혁도 어린 시절 또래 가운데서 바로 그러한 삶을 누렸을 것이다. 그에게는 분노와 결합되는 불의의 경험만이 아니라 즐거움과 결합되는 정의의 경험도 있었을 것이다. 그리고 「오징어 게임」은 아주 어두운 드라마이지만, 금을 밟으면 그 즉시 총으로 쏘아 죽이지만,[4] 그럼에도 불구하고 많은 사람들에게 남아 있을 어린 시절의 저 정의롭고 신나는, 그리고 아름다운[5] 경험의 마음속 둥지를 건드렸기에 그만큼 높이 날아올랐을 것이다.

꿈

평어는 나에게 오래된 꿈이었다. 그것이 꿈인 것은 한 번도 이루지 못하였기 때문이 아니라 이미 이룬 적이

4　이와는 대조적으로 아이들은 놀이를 하면서 피를 흘리지 않고서 죽는 방법을 잘 안다. "나 (금방) 죽었어." 아직 살아 있는 사람의 입에서 나오는데도 이상하지 않은 이 말은, 아직 살아 있는 사람에게 하는 말인데도 이상하지 않은 "너 (금방) 죽었어."와 마찬가지로, 사람이 발명한 가장 창조적인 죽음 가운데 하나일 것이다.

있기 때문이다. 어린 시절 나는 가족의 동기들이나 또래 친척, 친구들과 같이 놀이를 하면서 서로 반말을 사용하였다. 그 또래 집단에는 나이가 같은 아이들만 있었던 것이 아니다. 형이나 누나도 있었고 동생도 있었다. 그렇지만 모두가 평등하고 자유로운 반말을 사용하였다. 더 나아가, 놀이터든 골목이든 모르는 아이들끼리도 반말을 사용할 수 있었다.

"너 우리랑 같이 놀래?"
"응."

아이들의 세계는 원래 그런 세계였고, 지금도 오

5 "불의에 대해 ─ 상해를 함축하기에 괴로움을 가져올 주제들에 대해 ─ 고도의 경각 상태에 있으면서, 동시에 아름다운 광경과 소리의 도착에 자신을 영원히 열어 놓을 바로 그 수준의 지각적 예리함을 자신에게 요구하지 않을 그 어떤 방법도 없다. 논변과 반대 논변과 위트와 활기와 응수와 반어법과 시험과 경연으로 충만한 그 자체 아름다운 대상인 어떤 토론에 온전한 예리함을 가지고서 유의한 적이 또한 없다면, 어떻게 정치적 회의 안에 오로지 한 가지 경제적 관점만 포함되어 있다는 것에, 관심을 갖는 것은 고사하고, 주목이라고 할 것인가? 그리고 이번에는, 새들의 노래나 시에 대한 여유가 또한 있지 않다면, 아름다운 토론이라고 해도 어떻게 그 토론의 뉘앙스를 듣겠는가?"(일레인 스캐리 저, 이성민 역, 『아름다움과 정의로움에 대하여』(도서출판b, 2019), 77~78쪽.)

염되거나 훼손되지 않은 아이들의 생태계는 여전히 그렇다. 왜? 반말이 사람에게 가장 자연스러운 말이기 때문이다.

학교에 들어가면서 이 생태계는 빠르게 줄어들기 시작하였다. 학교에서 선후배 관계는 존비어체계에 포섭된다. 한두 살 차이로 말이다. 반말을 서로 사용할 수 있는 사이는 같은 학년 말고는 사라져 버렸다. 그리고 그 반말은 점점 더 거칠어졌으며, 어린 시절 놀이터의 반말과는 사뭇 달라졌다. 마치 우리가 사는 곳이 놀이터가 아니라 싸움터인 듯 거친 말들이 일상이 되어 갔다. 욕이 꼭 멋인 듯.

드디어 성인이 되어 욕이 덜 들리는 곳에서 살게 되기는 하였지만, 반말을 사용할 수 있는 기회는 학창 시절보다도 줄어들었다. 나이가 같아야 서로 반말을 쓴다는 기이한 학교의 규칙이 사회의 규칙이 되어 있었으니까. 사회적 관계에서 존비어체계를 사용하지 않기로 마음을 먹은 이후로 나는 상호 존댓말 사용이 표준이 된 삶을 살게 되었다.

이러한 나의 이야기가 모두의 이야기일 수는 없겠지만 나만의 이야기는 아닐 것이다. 그런데 이 이야기는 —— 우리는 종종 꿈이 현실이 되었다는 말을 듣지만 —— 현실이 꿈이 될 수도 있다는 것을 뒤에 가서 알려 주었다. "어렴풋이나마 사랑하고 있는 옛날"의 현실은 배신자에게 심한 부끄러움을 남기면서 한 맺힌 무진의 안개가 되었지만, 배신하지 않은 자에게는 꿈이 되어 남았다.[6]

또래 생각

모든 것은 존댓말 사용이 표준이 되었어도 사라지지 않은 또래 생각에서 꿈틀거리기 시작하였다. 또래 생각이란 나의 머릿속에서 내가 나의 또래 친구들과 나누는 대화를 말한다. 또래 가운데 있다고 상상하면 말과 생각의 방법이 달라지며, 오래되고 익숙한 자연스러움이 찾아온다.

한나 아렌트는 하나인 내가 고독 속에서 둘로 나

---

6   김승옥, 「무진기행」, 『무진기행』(민음사, 2007), 41, 10쪽. 김승옥의 이 유명한 단편은 주인공이 또래 사랑을 배신하면서 끝을 맺는데, 마지막 문장이 이렇다. "나는 심한 부끄러움을 느꼈다."

뉘어 내가 나 자신과 나누는 대화가 바로 '생각하기'라고 하였다. "내가 나 자신과 함께 공존하는 이러한 **이중성**은 사유를 진정한 활동이게 한다."[7] 하지만 아렌트가 잊지 않고 말하듯, 생각하기를 인도하는 경험은 우정이며("나는 나 자신과 대화하기 전에 우선 타인들과 대화한다."), 우리는 "또 하나의 나"인 친구와도 사유의 대화를 수행할 수 있다.[8]

친구와 나의 합동 대화가 가령 뱃살에 관한 것이라고 해 보자. 그럴 경우 나와 친구는 뱃살 문제를 검토하면서 사유의 대화를 나눌 수 있으며, 같이 생각할 수 있다. 그런데 나는 내 앞에 친구가 없더라도 친구와 가상의 대화를 나누며 같이 생각할 수 있는데, 이와 같은 생각하기를 나는 '또래 생각'이라고 부른다.

또래 생각은 처음에 평어의 문제가 아니라 영어를 비롯한 서양어 번역에서 나를 이끌었다. 내게 확신이 없을 때. 존비어 관계나 존댓말 관계를 공식 표준

---

7   한나 아렌트 저, 홍원표 역, 『정신의 삶: 사유와 의지』(푸른숲, 2019), 290쪽.
8   같은 책, 295쪽.

으로 삼는 한국말을 모국어로 사용하는 내가 직면하고 있는 서양의 말들이 평어 또래 관계를 공식 표준으로 삼고 있다는 것을 강하게 자각한 이후로[9] 기존의 번역들에 의심이 생겨나기 시작하였다. 그럴 때면 내 안에 둥지를 튼 또래 생각이 나를 이끌었다.

짧은 말

골딩의 소설 『파리대왕』은 소년들을 태운 비행기가 무인도에 불시착하면서 시작된다. 흩어져 있다가 랠

---

9   줄리엣 미첼은 서양의 문화가 가부장제를 앞세운 문화가 아니라 또래 관계에서 남자들의 형제애를 앞세운 문화라는 것을 분명히 하였다. "최근의 분석은 남자들의 형제애 속에서, 특히 현대 서양 사회의 사회계약을 특징짓는 우애의 이상 속에서 여자의 부재를 지적해 왔다. 형제애는 가부장제의 얼굴 중 하나로 간주되어 왔다. 나 자신의 견해는 이렇다. 비록 형제애가 남성 지배의 한 측면이기는 하지만, 그럼에도 그것은 중요하게 다르다 —— '형제애'를 가부장제로 흡수하는 것은 측면적인 것을 생략하는 대가를 치르면서 모든 것이 수직적 이해들로 종속되는 방식의 예증이다. 실로 나는 이 '수직화'야말로 (성차별주의를 포함해서) 형제애의 이데올로기들이 보이지 않게 작용할 수 있게 해 주는 주된 수단일 수도 있겠다고 생각하게 되었다."(줄리엣 미첼 저, 이성민 역, 『동기간: 성과 폭력』(도서출판 b, 2015), 15~16쪽.)

프를 만난 피기의 첫 궁금증은 "어른들은 아무도 없는 거야?"이다. 아무도 없다는 랠프의 대답을 들은 피기는 추락 전 보았던 조종사가 생각났다.

"That pilot."

이 간단한 명사구 원문이 한국어로 번역될 때는 예컨대 '조종사도 말이지.'라는 식으로 길어지는 경향이 있다.

이런 번역이 우리에게 생소한 것은 섬에 고립된 집단이 소년 또래 집단이기 때문이다. 그러니 귀를 기울여 보아, 그들의 말에. 아니, 너 안에도 들어 있을 그들에게. "아까 그 여자애?" "그 게임." "어디?" "그 택배 기사." "아니, 그게 아니고, 그 조종사."

"그 조종사." ── 이 간단한 것이 "조종사도 말이지."를 뜻하건, "조종사도?"를 뜻하건, "아, 그 조종사!"를 뜻하건……. 한국 사람들이라면 잘 아는 짧은 말에 가해지는 존비어적＝수직적 압력이 말을 부지불식간에 늘려 놓았을 것이다.

원문의 짧은 말이 번역을 거쳐 길어지는 이런 사례들은 수도 없다. 가령, 셰익스피어의『헨리 4세』에서 빨리 부인을 수달이라고 부르는 폴스타프에게 헨리 왕자는 "왜 수달?(Why an otter?)"이라고 묻는다. 한국어 번역자의 손에서 이 질문은 "왜 하필 수달인가?"와 같이 바뀌고 만다. 이러한 번역 현상은 한국의 번역가들이 어떤 말 모드를 표준 모드로 장착하여 작업하는지를 알려 준다. 또한 그것은 번역가들이 한 문화로부터 다른 문화로 인간의 경험을 전파한다고[10] 쓴 올가 토카르추크의 정당한 통찰이 한국말에서는 힘을 잃는다는 것을 보여 준다. 어떤 의미에서 우리는 서양 문화를 이해하는 일을 —— 바로 그 일이 직업이 되어 있는 곳에서조차 —— 완강하게 거부하고 있다.

왜

한국어의 '왜'가 영어로는 무엇인지 여러분은 잘 알 것이다. 신기하게도 발음마저 비슷한 'why'이다. 그런데 이 'why'의 뜻을 사전에서 찾아보면 '왜'만 있지를 않다. '아니' '어머' '뭐야'도 있고 '물론' '글쎄'도 있고 '어

---

10   올가 토카르추크 저, 최성은 역, 『다정한 서술자』(민음사, 2022), 85~86쪽.

쨌다고' '그렇다면'도 있다. 왜 이렇게 뜻이 많을까? 왜 이 뜻들에는 관통하는 무언가가 없어 보일까?

그 이유를 알아보기 위해서 제인 오스틴의 소설 『오만과 편견』의 맨 앞을 펼쳐 보자. 베넷 씨의 부인은 '딸들 가운데 하나가 차지해야 할 재산'으로 손색이 없는 청년이 이웃이 된다는 소식을 남편이 알도록 하여야만 한다.

> "글쎄 여보, 당신도 알아 둬야 해요. 롱 부인 말로는, 네더필드 파크에 세 들 사람은 잉글랜드 북부 출신 청년인데, 대단한 재산가래요."[11]

이 문장을 존비어체계가 없는 영어의 특성을 반영하여, 평어 문장으로 다시 제시하여 보겠다.

> "글쎄 여보, 당신도 알아 둬야지. 롱 부인 말로는, 네더필드 파크에 세 들 사람은 잉글랜드 북부 출신 청년

---

11   제인 오스틴 저, 윤지관·전승희 역, 『오만과 편견』(민음사, 2003), 10쪽.

인데, 대단한 재산가래.”

이제 눈을 움직여 이 말의 첫 낱말에 초점을 맞추어보자. 그것은 “why”를 번역한 것이다.[12] “왜”라고 번역하면 아니 될까? 된다. “왜, 여보, 당신도 알아둬야지.” 내 안의 또래 생각은 이것이 한국말로도 완전히 자연스럽다는 것을 알려 준다. 그런데 왜 “글쎄”로 번역이 되었을까?

이와 같은 감탄사 “why”는 이 소설에서 이후로도 다섯 번 더 나온다. 밑줄 친 곳이 “why” 자리이다. 이제 여러분은 여러분에게도 있을 또래 생각을 사용하여, 그곳에 있는 것을 다 “왜”로 바꾸어 읽어 보는 사고 실험을 해 볼 수 있을 것이다.

① “얘, 제인, 너 어쩌면 한마디도 미리 얘길 안 했니?” (87쪽)

---

12   전체는 이렇다. “Why, my dear, you must know, Mrs. Long says that Netherfield is taken by a young man of large fortune from the north of England.”

② "글쎄, 사실은 그 사람도 그 점은 아들로서 다소 부담을 느끼는 것 같습디다." (88쪽)

③ "저런, 그렇다면 겨우 여섯 주 동안 머무는 셈이군." (290쪽)

④ "아니, 그 사람 연 수입이 사오천이고, 더 많을 것이 분명한데." (465쪽)

⑤ "음, 고백해야겠지, 내가 빙리 씨보다 그분을 더 사랑한다고." (499쪽)

②를 빼면 밑줄 친 부분을 "왜"로 바꾸어도 내게는 다 자연스럽게 들린다. 하지만 ②도 존댓말을 마땅히 평어로 고치면 "왜"가 자연스럽다. "왜, 사실은 그 사람도 그 점은 아들로서 다소 부담을 느끼는 것 같아."

따라서 "얘" "글쎄" "저런" "아니" "음" 등등을 관통하는 것이 있다면 그것은 바로 "왜" 그 자체다. 이 "왜"는 김승옥의 단편 「무진기행」에서 주인공 윤희중이 고향 후배에게 "무진엔 왜 내가 못 올 덴가?"라고 물을 때 자연스럽게 들어가는 한국말의 그 "왜"이다.[13] 영어에서도 한국말에서도 그것은 이렇게 사용되어 왔다. 그렇지만 한국어 판본에서는 대개 의문사일 때만 "why"가 "왜"라고 번역된다.

일상에서 우리는 반말 관계 내지는 또래 관계에서 '왜'를 아주 잘 사용한다.

"왜, 그 사람이 너한테 줬다는 선물."

"왜, 어제 그 영화 있잖아?"

너의 야릇한 눈길이 궁금해진 내가 너에게 묻는다.

"그게 뭐야?"

"왜, 사랑."

이렇듯 평어/또래 관계 안에 들어가 있으면 "왜"는 여기도 있고 저기도 있다.

짧은 말이나 "왜"의 사례에서 볼 수 있듯이, 번역은 존비어체계의 강한 영향 아래 있다. 또래 관계라서 반말로 번역하는 경우에도 우리는 말의 현실에 추상적으로 접근한다. 그리하여 거기 뻔히 있는 것들이 ── 영어에만 있는 것이 아니라 또래 가운데라면 한국말에도 이미 있는 것들이 ── 저 한 맺힌 무진의

---

13   김승옥, 「무진기행」, 18쪽.

"안개에 의하여 보이지 않는 먼 곳으로 유배당해 버리고 없었다."[14]

존비어체계 모드가 번역에 미치는 이렇듯 일상적인 영향을 실감하면서, 나는 오히려 번역만이 아니라 한국말 자체의 문제를 진지하게 바라보기 시작하였다. 처음에 또래 생각은 번역을 비판적으로 새롭게 바라보는 눈이 되어 주었다. 그렇지만 곧 그것은 —— 번역도 결국은 한국말이기에 —— 한국말 자체를 바라보는 눈이 되었다. 그리고 서양의 평어 문화를 가릴 뿐 아니라 한국말 반말의 문화적 상승 기회 또한 가로막고 있는 것이 존댓말이나 존비어체계 아닐까 하는 생각을 하게 되었다.[15]

그러다가 나는 평어를 직접 사용할 수 있는 기회들을 만났다. 평어 사용이 드디어 한 조직에서 뿌리를 내리었을 때, 나는 그것이 한국 사람들에게 모험의 끝

---

14   김승옥, 「무진기행」, 10쪽.
15   어느 날 나는 토머스 하디의 소설을 읽다가 "내게는 마치 나무들이 본격적으로 삶을 시작하는 게 아주 애석해서 한숨을 쉬는 것처럼 보여. 꼭 우리처럼."이라는 아름다운 말이 한 젊은 여자의 입에서 나와 한 젊은 남자에게로 새처럼 날아가는 것을 들었다.(토머스 하디 저, 심규세 역,

이 아니라 시작이라는 것을 예감하였다. 최근에 평어 사용을 결심한 한 대학교수가 개강을 앞둔 긴장감 속에서 평어를 써 보려니 바꿀 것이 한두 가지가 아니라고 말하였듯 말이다.[16]

이름 호칭

끝으로 나는 평어 호칭 문제만을 좀 더 다루려고 한

『숲사람들』(금문서적, 2003), 77쪽. 번역 수정. 원문은 "저한테는 마치 나무들이 진지한 —— 꼭 우리들처럼 —— 삶을 시작하는 것이 아주 안타까워서 한숨 쉬는 듯해요.") 나는 곧바로 한 어린 소녀가 생각났다. 나의 처제의 어린 딸의 입에서도 저런 말들이 부유하게 흘러나오는 것을 들은 적이 있었던 것이다. 얼마 전 나는 청소년이 된 그 소녀를 다시 만났다. 그리고 더 이상 그런 말을 들을 수가 없었다. 존댓말이나 존비어체계는 짧은 말만 가로막는 것이 아니라 아름다운 긴 말의 발달 또한 가로막는 것인지도 모른다.

16   김진해, 「'평어'를 쓰기로 함」, 《한겨레신문》, 2022년 9월 5일. 나는 조직들의 평어 도입이 지속적인 프레임 창조를 필요로 하는 프레임 혁신으로서 이루어져야 한다고 생각한다. 즉 말의 변화가 사람과 조직의 변화로 이어져야만 한다. 그렇지 않을 경우 평어는 반말 문화로 퇴행하거나 거부될 것이다. "프레임 혁신은 사람들과 조직들이 문제를 보는 방식, 그들이 문제를 사고하는 방식, 그들이 문제를 다루기 위해 행하는 것에서 거대하고 근본적인 전환을 함축한다."(키스 도스트 저, 이성민 역, 『프레임 혁신』(도서출판b, 2020), 193쪽.)

다. 평어는 '이름 호칭 + 반말'로 이루어진 새로운 말이다. 이 새로운 한국말을 디자인할 때, 나는 이름 호칭에 대한 확신이 없었다. 그리고 나의 오랜 친구인 또래 생각도 내게 별 도움이 되지 않았다. 왜냐하면 나의 어린 시절 또래 친구들의 선물인 이 또래 생각한테는 (영어처럼) 순전히 이름으로만 누군가를 부르는 것이 낯설었기 때문이다.

나는 또래 친구를 가령 "여경아"가 아니라 "여경"이라고 부르는 사고실험을 해 보았지만 좀처럼 익숙해지지 않았다. 그렇지만 반말 호칭들이 사회적 관계에서 가족 프레임이나 학교 프레임을 곧바로 끌고 오는 것을 생각해 볼 때, 이름 호칭 말고는 다른 대안이 없어 보였다.

평어의 호칭을 이름 호칭으로 정하면서 나는 또래 생각의 도움을 받지는 못하였지만 대신에 우리의 가장 오래된 친구인 뇌를 믿었다. 이즈음 나는 인지과학에 흥미를 갖고 공부하고 있었다. 그러다가 한 인지과학 문헌에서 흥미로운 실험을 알게 되었다. 위아래가 거꾸로 보이게 하는 안경을 착용하여도 우리의 뇌가 며칠만에 그 새로운 현실에 적응한다는 놀라운 사실을 알려 준 실험.[17] 그렇기에 나는 새로운 호칭법 사용자 경험이 무엇인지는 미리 알지 못하였지만, 그 호칭법에 뇌가 어렵지 않게 적응할 것이라고 예상할 수 있었다. 그리고 실제로 디학에서 이름 호칭을 사용하였을 때 사람들의 뇌는 금방 적응을 하였다. 사고실험은 뇌를 사용하지만 뇌를 바꾸지는 못하였다. 눈앞에 있는 사람을 직접 이름으로 부르자 뇌가 적응하였다.

이 새로운 적응으로 나는 지금까지는 없었던 또래 생각을 갖게 되었다. 이름 호칭 사용의 자연스러움을 알고 있는 또래 생각. 이 새로운 또래 생각은 나의 어린 시절 또래들이 아니라 성인이 되어 평어를 사용하는 새로운 또래들이 선사한 또래 생각이다. 평어 사용으로 나의 또래 경험과 또래 생각은 더 부유한 것이 되어 돌아왔다.

---

17 J. Kevin O'Regan, *Why Red Doesn't Sound Like a Bell*, Oxford: Oxford University Press, 2011, 3장. 이 실험 내용은 인터넷에서 조지 스트래튼의 거꾸로 안경을 검색하면 쉽게 접근할 수 있다.

성 호칭

한국말의 성은 단독으로는 호칭으로 잘 사용되지 않는다. 적어도 한국 안에서는 그렇다. 나는 나의 평어 사용 친구인 시인 강보원을 "강"이라고 부르지 않고 이름 호칭으로 부른다. "보원, 왔어!" 그렇지만 보원이 서양에서도 시인으로서 유명해진다면 그쪽 사람들은 그를 "강"이라고 부를 것이다. 서양에서는 성을 사람을 부르는 호칭으로 사용하니까.

그렇기는 하여도 서양 사람들도 이제는 한국 사람을 부를 때 성만으로 부르는 일이 어렵다는 것을 깨닫고 있을 것이다. 왜냐하면 그렇게 되면 이름 변별력이 사라지기 때문이다. 너무 많은 Kim이 있고 너무 많은 Park이 있기 때문에, 그들도 이제는 다른 대안이 없는 한 성명 전체를 호칭으로 사용해야 한다. 그들이 한국 사람들을 더 많이 마주할수록 한국말 성 자원의 빈약함이 그들에게도 우리에게도 느껴질 것이다.

한국말 성 자원은 두 가지 방식으로 빈약하다. 첫째, '독고'나 '선우' 같은 드문 예외 말고는 모두가 한 글자로 너무 짧고 단조롭다. 둘째, 성의 수 자체가 너

무 적다. 옆 나라 일본에는 13만여 개의 성이 있지만 한국에는 300여 개밖에 없다.[18]

그렇기에 나는 평어를 디자인하면서 성 호칭을 생각할 수가 없었다. 또한 그렇기에 아직 가까운 사이가 아닐 때 이름 호칭이 아니라 성 호칭을 사용할 수 있는 가능성을 붙잡을 수가 없었다. 그리고 평어 사용 조직이나 집단이 조금씩 늘어나는 것을 보면서 성 자원의 개발 문제를 고민하기 시작하였다.[19]

작년 봄부터 집 근처 안양천 산책을 시작한 나는 그곳에 핀 꽃 이름을 알아가면서 그 이름들이 성 자원 개발에 사용될 수도 있겠다는 생각이 들었다. 그래서 작은 이야기를 즉흥적으로 써 보았고 '기대 자루'라는

18 그마저도 김, 이, 박이 44.8퍼센트이고, 여기 최와 정을 더하면 54 퍼센트가 된다. 또한 상위 22개 성이 전체 인구의 80퍼센트를 차지한다.(김범준, 『세상물정의 물리학』(동아시아, 2015), 125~126쪽.)

19 존비어체계가 있고 성 다양성이 아주 낮은 한국말의 경우, 처음에 서로 존댓말을 쓰다가 친해지면 존비어나 상호 반말을 쓴다. 관계 진행의 단계를 위한 장치가 있기는 있는 것이다. 이름 호칭 말고는 아직 다른 호칭법이 없는 평어에서도 이를 위한 장치의 개발이 필요하다. 사실 한국말은 발명된 글자를 갖는 독특한 말이다. 평어는 그 자체로 발명된 말이지만, 이후로 수많은 문화적 언어 개발을 요구할 필요들을 현장에서 낳는 말이기도 하다. 수많은 언어 모험가들을 기다리는.

제목을 달았다. 그걸 조금 소용없이 다듬어 여기 내놓는다. 그러니까, 나의 글이 문학 같아서가 아니다. 문학이 지닌 허구라는 장점이 어쩌면 우리 말의 미래 가운데 하나 같기도 하여서다.

기대 자루

옛날에 남천 이팝과 패랭이 조팝이 해 질 무렵 저 하늘의 붉은 노을이 볼 만한 서울의 작은 집에 같이 살고 있었다.[20] 그 둘은 친구였다. 서울의 집값이 너무 비싸서 그들은 둘이 한집에 살기로 한 것이었다. 남천은 3년 차 디자이너였다. 패랭이는 작가를 꿈꾸며 아무 년째 알바를 하고 있었다. 남천은 월요일부터 금요일까지 매일 회사를 갔다 왔고, 주말이면 잠을 실컷 잤다. 패랭이는 알바가 끝나고 집에 오면 글을 썼다. 그렇게 하루하루가 그럭저럭 지나가고 있었다.

20 삭막한 겨울을 붉은 줄기로 물들이는 '남천'과 산들산들 밝게 웃는 꽃 얼굴의 '패랭이'는 성이다. 작고 하얀 쌀 꽃을 피우는 '이팝'과 '조팝'은 이름이다. 그리고 성과 이름을 붙여 쓰지 않고 띄어 썼다. 나는 여기서 '남천'과 '패랭이'도 단독으로 성 호칭으로 사용하여 보았다.

어느 날 패랭이가 남천에게 말하였다.

"이팝, 글이 잘 써지지 않는데, 혹시 재미난 이야기 있어?"

"재미난 이야기라니, 조팝! 그건 너 같은 작가가 잘 만들어 내어 나처럼 따분한 인생을 사는 직장인들에게 들려 주어야 하는 거 아니야?"

"이야깃거리가 있어야 이야기를 만들지. 알바 하느라고 이야깃거리 찾기가 힘들어서 그래."

"최근 있었던 디자인 프로젝트가 난 재미있었는데, 그 이야기를 들려줄까?"

"응, 그거 좋겠다. 들려줘 봐."

"별 기대는 하지 마."

"빨리 들려주기나 해."

이때 이팝은 기대가 빌려주지도 않은 돈을 갚으라고 하는 날강도와도 같다는 생각이 들었다. 이팝은 친구 조팝의 기대 어린 얼굴이 그렇게 보였는데, 이를 조금이라도 완화하기 위해 "별 기대는 하지 마."라고 말한 것이다. 그렇지만 이야기를 들려주는 내내 조팝의 얼굴은 날강도의 얼굴처럼 보였다. 그리고 이팝은 '빚'을 갚는데 성공하였다. 조팝은 그의 이야기에 무척 만족한 얼굴이었으니까. 마치 원금에 두둑한 이자까지 받은 사람처럼.

조팝은 이팝의 이야기로 단편소설을 하나 썼다. 그리고 한 출판사에 투고를 하였다. 조팝은 이팝에게 그 소식을 전해 주었다. 그러면서 이팝에게 "별 기대는 하지 마."라고 말하였다.

"너의 이야기가 재미없었다는 말은 아니야. 원고가 떨어지면 나의 글솜씨가 형편없는 것이겠지. 그리고 붙으면 나야 좋지만, 넌 좋을 것도 없잖아."

이제 이팝의 귀에 "별 기대는 하지 마."라는 조팝의 말은 날강도의 말이 아니라 도둑놈의 말처럼 들렸다. 남의 것을 가지고 가서는 아무것도 기대하지 말라고 하다니. 도둑이 남의 물건을 훔쳐 놓고는 그 물건이 있던 자리에 "되찾을 것이라고는 기대하지 마!"라는 글자를 남긴다. 기대가 사라진다는 것은 도둑질을 당하는 것이다. 무척이나 마음이 상한 이팝은 입을 꾹 다물고 아무 말도 하지 않았다.

얼마 후 조팝의 글이 1등으로 뽑혔다. 그리고 사람들은 그의 이야기를 무척이나 좋아하였다. 패랭이 조팝은 이 기쁜 소식을 친구 남천 이팝에게 전하면서, 두

가지 선물을 주었다. 하나는 상금의 절반이었다. 다른 하나는 수상 소감이었다. 그 소감에서 패랭이는 그 이야기가 친구 남천의 이야기라고 말하였다. 그래서 이 팝은 인생의 첫 이야기를, 자기 이야기를 갖게 되었다. 기대란 자루일까, 다 비워야 넉넉해지는?

우리는
수평적인
사회적 관계를
(얼마나)
원할까?

"한두 살 나이차로도
형, 아우를 따져야 하는 사회에서
우리가 잃어 가는 것은 무엇일까?
그것은 역시 친구나 동료다."

문제의 일반성

2014년 5월 28일 이제는 은퇴를 한 야구 선수 박찬호
는 자신이 선수로 있었고 이후 류현진 선수가 있었던
다저스 구단의 경기장에서 '한국의 날' 행사로 류현진
에게 시구를 하고 포옹을 나누었다. 한 스포츠 신문은
이를 기사로 내보내면서 "LA다저스 선후배의 따뜻
한 포옹"[1]이라는 표제를 달았고, 류현진은 인터뷰에
서 지난해에는 '신수 형'과 함께한 덕분에 뜻깊었는데
올해는 '박찬호 선배님'을 모시고 하니 그에 못지않게
뜻깊다는 소감을 밝혔다. 우리는 이런 기사를 그냥 흐

---

1   「LA다저스 선후배의 따뜻한 포옹」, 《매일경제》, 2014년 5월 28일.

못하게 읽고 넘어간다. 여기 무슨 문제가 있다고 생각하는 사람은 별로 없을 것이다.

한번은 아내가 내게 직장 동료가 들려준 이야기를 전해 주었다. 서울의 한 의대를 졸업하고 대학병원에서 레지던트 생활을 하다가 그만두고 지방으로 간 의사 이야기였다. 그만둔 계기는 동료 의사들의 술자리 문화였다. 그곳 의사들은 접대부가 동석하는 술집에 그를 데리고 갔는데, 그에 대해 거부감을 표출하고 실행하자 선배 의사들에게 구타를 당했다는 것이다. 깊은 좌절감을 느낀 그는 이후 한 지방의 병원에서 일한다고 한다.

알다시피 한국 사회에서 이런 사례를 찾는 것은 어렵지 않다. 가령 검찰이나 언론 같은 이른바 엘리트 직업 집단이 얼마나 서열화되어 있는지는 잘 알려져 있다. 몇 년 전 큰 인기를 누렸던 드라마 「미생」을 보면, 대기업 조직 내의 인간관계가, 비록 젊은 날 인생의 희비가 교차하는 감동적 드라마를 빚어낼 여지가 있을지언정, 얼마나 위계적인지를 (혹은, 가족적인지를) 금방 알 수 있다. 그곳에는 실수한 주인공 인턴 사원을 선배 직원이 빌딩 옥상으로 데려가 구보와 오리걸음을 시키는 장면이 '자연스럽게' 나온다. 놀라운 것일까, 놀랍지도 않은 것일까?

저 의사 이야기에 대한 충분히 예상 가능한 반응 가운데 하나는 ── 그 악명 높은 술자리 문제를 일단 제쳐 둔다면 ── 한국인의 수직적 문화를 비판하는 것이다. 한국인이 언제나 나이를 따지고 선후배를 따지는 것에 대한 비판 말이다. 그런데 이러한 비판은 어디까지 나아가는 것일까? 다시 말해서 저 두 전현직 선후배 야구 선수의 감동적인 포옹에서도 비판의 날을 거두지 않는 것일까, 아니면 그 앞에서는 멈추는 것일까? 선후배 관계 그 자체가 나쁜 것일까, 아니면 좋은 선후배 관계와 나쁜 선후배 관계가 있는 것일까?

둘 다 나름대로 일리가 있기에, 판단하기가 쉽지 않다. 매번 나이를 따지고 선후배를 따지는 문화는 분명 오늘날 문제가 있다: **문제의 일반성.** 하지만 어떻게 후배를 진정으로 아껴 주는 좋은 선배를 비판할 수 있겠는가?: **선악의 문제.**

어째서 이처럼 판단하기 어려운 문제가 생겨난 것일까? 왜 선악의 문제만 있질 않고 문제의 일반성도 있는 것일까? 왜 우리는 좋은 선배와 나쁜 선배를 판단하는 문제만 고려해야 하는 것이 아니라 선후배 관계 일반의 문제를 고민해야 하는 것일까?

부모와 자식의 관계에는 선악의 문제만 있을 것이다. 즉 좋은 부모와 나쁜 부모는 있을 수 있지만, 부모와 자식의 관계 그 자체를 문제적이라고 볼 수는 없을 것이다. 형제자매 관계는 어떨까? 앞서 인터뷰를 보면 류현진은 박찬호를 '선배님'이라고 부르지만 추신수를 '신수 형'이라고 부른다. 친형은 아니지만 그렇게 부른다. 역시 한국인들은 나이를 따지며, 그런 연후에 호칭을 결정한다. 이처럼 형, 아우를 따지는 문화에도 문제의 일반성이 있는 것일까?

알다시피 있다. 사실 이런 문화가 꼭 아시아적 문화인 것도 아니다. 이러한 문화가 없어졌으면 하고 바라는 한국인을 찾는 것은 어려운 일이 아니며, 그런 사람이 꼭 서양적으로 사고하는 것은 아니다. 하지만 그런 사람들마저 마음씨 좋은 든든한 형이라면 좋아하기 마련이다.

나이를 따지는 문화에 거부감이 있는 한국인이라도 가족의 동기간에서는 그렇지 않을 것이다. 가족 안에서 자연스럽게 우리는 형이거나 오빠이거나 누나이거나 언니이거나 동생이다. 요즘은 한 자녀 가족이 예전보다 늘어나서 가족 안에서 동기간 경험을 할 기회가 줄어든 것 같기도 하지만 말이다.

가족 안에서 형, 아우의 구분은 선악의 문제만을 갖는다. 하지만 오늘날 한국 사회에서 우리는 이러한 구분을 가족 안에서보다는 가족 바깥에서 더 많이 발견한다. 《시사IN》에 실린 「가난한 집 아이는 동생도 없다?」라는 선정적 제목의 기사를 보자.[2] 이 기사 제목의 선정성과는 별개로 우리는 공동체 내에서 한 자녀 가족의 증가가 아이들의 심적 삶에 가져올 일반적 여파에 관심을 기울여야 한다. 하지만 다른 한편으로, 가족 내에서 동기간 경험이 줄어드는 가운데, 이 유소년기의 관계적 자원은 오히려 성인들의 삶 속으로 광범위하게 스며들었다. 오늘도 성인들은 한두 살 나이를 꼭 따지며, 형, 아우를 따진다. 그렇게 해야 무언가 안심이 된다는 듯이. 수평적 관계는 우리에게 영 맞지

2   변진경, 「가난한 집 아이는 동생도 없다?」, 《시사IN》, 2014년 4월 8일.

않는 어색한 옷이라도 된다는 듯이.

이른바, 한두 살 나이 차

영국의 정신분석학자 줄리엣 미첼은 2003년에 『동기간: 성과 폭력』이라는 책을 출간했다.[3] 이 책에서 미첼은 기존의 정신분석이 수직적 관계와 수직적 이해 방식만을 알고 있을 뿐이라고 비판하며, 정신분석에 측면적 관계와 관점을, 즉 동기간의 문제를 도입하려고 시도한다.

실제로 지금까지의 정신분석은 부모와 자식의 관계를 중심에 놓고 환자의 심적인 현실에 접근해 왔다. 부모 가운데서도 처음에는 아버지가 중요했다. 하지만 세계대전을 겪으면서 존 보울비나 멜라니 클라인 같은 이론가들은 어머니를 강조하기 시작했으며, 이에 대한 반동으로 라캉은 다시금 상징적 아버지를 강조했다. 하지만 이 모든 이론가들은 측면적이고 수평적인 형제자매 관계에는 관심을 기울이지 않았다.

---

3   줄리엣 미첼 저, 이성민 역, 『동기간: 성과 폭력』(도서출판b, 2014).

미첼은 이와 같은 이론적 공백을 문제로 삼으면서, 동기간과 또래 집단의 독자적 중요성에 주목하기 시작했다.[4]

미첼의 논적 가운데 한 명은 유명한 여성주의자 페이트먼이었다. 페이트먼은 서양의 근대를 정초한 자유, 평등, 우애 가운데 '우애=형제애'가 본질적으로 가부장적인 것이라고 주장했다. 미첼은 서양 사회의 토대인 사회적 형제애가 남성 지배적이긴 하지만 수직적인 가부장제는 아니라고 반박한다. 그러고는 동기간 가운데 남자 동기간인 형제 관계가 아니라 동기간 그 자체에, 측면적 관계 그 자체에 주목해야 한다고 말한다. 새로운 사회를 위한 새로운 관계적 자원으로서 말이다. 미첼은 집단심리학이 아버지나 어머니를 중심축으로 두는 수직적 집단 구성 원

---

4 『나니아 연대기』를 비롯해서, 또래들의 모험을 다룬 많은 이야기들은 나치 독일의 폭격을 피해 도시에서 아동 소개(疏開)가 대대적으로 이루어진 제2차 세계대전을 배경으로 하고 있다. 미첼에 따르면, 이 소개 작전은 성공적이었다. 아이들은 부모가 없는 시골의 새로운 환경에 잘 적응했으며, 오히려 그 사실 때문에 부모들이 겪게 된 고통이 문제였다. 아이들은 건강과 용모가 향상되었고 교사나 또래와의 관계도 좋아졌으며, 관심과 자신감이 증가했다.(앞의 책, 255쪽.)

리보다는 오히려 동기간과 또래 집단에 주목해야 한다고 본다. 미첼에 따르면, 동기간은 부모와 자식의 관계에 대해서 상대적 독립성을 갖는다.

기본적으로 매우 새롭고도 탁월한, 어쩌면 우리에게 절실한 이론적 착상이다. 하지만 이를 한국 사회에 적용하려고 할 때 한 가지 난점이 생긴다. 즉 한국 사회에서 성인들의 관계적 자원으로 애용되고 있는 형제자매 관계는 이미 앞에서 보았듯이 —— 그리고 서양의 경우와는 달리 —— 반드시 수평적이지만은 않다. 측면적 관계이긴 하지만 꼭 수평적이지는 않은 것이다. 오히려 친밀하면서도 수직적이다. "형님" 하면서 고개를 숙여 인사하는 조폭들의 극단적인 사례가 아니더라도 확실히 그러하다.

이러한 난점에 대해서 한 번 더 깊이 생각해 보면 한국 사회에서 역시 부모와 자식의 관계가 아니라 동기간의 관계가 훨씬 더 광범위하게 문제적이라는 생각에 이르게 된다. 나이를 따지는 문화도 그렇다. 부모와 자식의 관계처럼 생각되는 곳에서는 구태여 나이를 물어볼 필요가 없을 것이다. 오히려 나이 차이가 적을 때 우리는 나이를 물어본다. 2, 30년 나이 차가 중요한 것이 아니라 한두 살 나이 차가 중요한 것이다. 그러한 나이 차라면 분명 동기간의 나이 차다. 그리고 그렇다면 한국 사람들은 수평적인 관계를 꽃피울 수 있는 바로 그곳에서 나이를 따지고 있는 것이다. 따라서 우리는 —— 선악의 문제만이 아니라 문제의 일반성을 다루려고 할 때 —— 미첼이 직면하고 있는 것보다 훨씬 더 어려운 사회적 현실에 직면하고 있다.

"개인 생활의 민주화"

한두 살 나이차로도 형, 아우를 따져야 하는 사회에서 우리가 잃어 가는 것은 무엇일까? 그것은 역시 친구나 동료다.

알다시피 근대적인 학교는 동일한 연령의 아이들을 한곳에 모아 놓고 가르친다. 그래서 학령기부터 아이들은 주로 같은 나이의 또래 관계만을 대량으로 경험한다. 반면에 아이들이 성장하여 사회에 진출하게 되면 같은 이유에서 상황이 극적으로 역전된다. 성인들은 한두 살 나이 차도 구별하려고 한다. (하지만 이러한 구별 습관은 학교의 연령별 제도와 무관할까? 무관하지 않을 것이다. 한 살 차이로 학년이 달라지기에, 성인이 되어도 그렇게 구별을 하려고 할 것이다.) 이렇듯 미시적으로 나이를 구분해야 하기에 성인들의 삶에서 친구를 새로 형성할 수 있는 기회가 통계적으로 따져 본다면 극적으로 축소될 것이다.

학교에서 아이들은 같은 나이의 아이들과만 친구 관계를 형성한다. 실로 단조롭고도 메마르다. 그런 아이들은 성인이 되어도 같은 나이여야 하기에 친구 찾기가 힘들다. 역시, 메마르다. 메마르기에 우리는 인간관계를 마음껏 향유하기가 구조적으로 힘든 사회에 살고 있다. 하지만 그건 또 왜일까?

우리는 이미 민주적인 사회에 살고 있기 때문이다. 민주적인 사회에 살고 있는 사람들에게 가장 큰 불행은 평등한 인간관계의 결핍이다.[5] 정치적 성취가 생활에 반영되지 않는다. 삶은 여전히 권위주의에 물들어 있으며, 정치가 우리에게 맛보게 해 주는 민주주

---

5   우리는 민주주의 사회의 공인된 남녀평등의 이념이 생활에 반영되지 않는 것에서 오는 불행을 잘 알고 있다. 성별의 차이와 마찬가지로 나이의 차이는 차별의 근거가 아니라 우리가 평등하고 편안한 관계에서 향유해야 할 다양성의 원천이다.

의는 한 표의 투표권 행사에 불과하다. 그 한 표의 행사가 중요하지 않다는 말이 아니지만 말이다.

우리는 이미 오랫동안 위계적 관계 속에서, 혹은 수직적 관계 속에서 살아왔다. 그리고 이 사실은 우리 안에 있는 패배주의를, 어떤 뿌리 깊은 패배주의의 근거가 된다. 이미 우리의 문화가 되어 있는 그 무엇의 근거가. 우리가 이제 그 정도면 충분하다고 말할 수 없는 것은, 이제 그만할 때도 되었다고 말할 수 없는 것은, 바로 이 패배주의 때문이다. 그보다는 오히려 —— 우울함을 감춘 약간의 자신감으로 —— '문화적 차이'나 '한국적 문화'를 운운하게 되는 것 역시 바로 패배주의 때문이다.

우리가 여기서 다루고 있는 문제를 영국의 사회학자 기든스는 공적 영역의 민주화, 즉 정치적 민주화와 대비하여, 동시에 그것을 참조하여, "개인 생활의 민주화"라고 부른다.[6] 기든스는 이 개인 생활 가운데서도 특히 성과 사랑의 문제에 집중한다. 그는 적어도

---

6   앤소니 기든스 저, 배은경·황정미 역, 『현대 사회의 성·사랑·에로티시즘』(새물결, 2003), 273쪽.

그가 속한 문명인 서양에서, 혹은 그의 나라인 영국에서, 성과 사랑의 영역에 개인 생활의 민주화가 도래하고 있다고 본다. 하지만 우리는 사적인 남녀관계만이 아니라 공사를 막론하고 인간관계 전반에서 "문명 속의 불만"[7](프로이트)을 겪고 있다.

이와 같은 불만을 푸는 잘 알려진 한 가지 방법이 있다. 우리는 그것을 '저항'이라고 부른다. 정치적 저항. 우리에게 정치적 민주화를 가져다 준 바로 그 원동력. 어쩌면 우리는 역사·문화적으로 이 방법 말고는 아는 게 아직은 없는 것일지도 모른다. 그렇기에 진단과 그 알려진 해결책 사이에는 큰 괴리가, 원리상의 간극이 있다. 한편으로 정치적 저항은 거시적이고 공적인 문제에 대한 성공적인 해결책이었다. 하지만 오늘날 우리는 그 성공 이후를 살고 있으며, 그 성공

---

7   프로이트는 문명이 성욕 내지는 리비도를 억압하는 데서 오는 불만을 이렇게 불렀다.(지그문트 프로이트 저, 김석희 역, 『문명 속의 불만』(열린책들, 2003). 나는 한국말 존비어체계의 억압에서 오는 불만을 지칭하기 위해 이 표현을 사용하였다. 이 책의 마지막 장에서 나는 존비어체계가 저급한 배출구만을 허용할 뿐 어떻게 우리의 은유 충동을 억압하는지를 보여 주려고 하였다.

의 결과를 살고 있다.

알다시피 오늘날 그 성공의 결과는 가족 안에서
건 우리의 공동체 안에서건 다양한 미시적 파열들과
실존적 불만들을 내포한다. 그래서 민주화는 우리의
공동체 안에 다만 이런저런 해악을 가져왔다는 착시
현상을 일으킨다. 해악이라고 가정되는 미시적 문제
들이야말로 이제 우리가 우리 자신을 위해 직면해야
하는 근본적인 문제임에도 불구하고 말이다. 바로 그
렇기에 우리가 떠맡아야 하는 새로운 문제를 다만 사
회병리적 차원에서 바라보지 않고 "개인 생활의 민주
화"라고 명명한 기든스의 작업은 명예로운 작업이며,
칭송받아야 마땅하다.

하지만 다른 한편으로 우파는 미시적 문제들의
파열 지점을 틀어막는 제스처를 통해 정치적 장을 효
율적으로 장악한다. 이미 공동체가 그 미시적 파열의
떨림을 감지하고 있다는 사실을, 즉 공동체의 불안을
이용하면서 말이다. 공동체가 불안을 느낄 때, 그 불
안의 증폭기 역할을 하는 정치적 저항은 좌파의 무기
로 내내 가정되지만 실제로는 우파의 가장 강력하고
도 소중한 무기다. 오늘날 정치적 저항에 대한 무한한

신뢰는 사적인 것의 자리를 공적인 것으로 환원하는 착오에 의해서만 유지될 수 있다.

퇴행, 그리고 선악을 넘어서

얼마 전 나는 어떤 모임에서 문화 충격을 받았다. 한 지인의 초대로 나는 나이 든 배우들의 모임에 참석을 하게 되었다. 나의 나이도 분명 적지는 않지만, 그 모임에서는 가장 적었다. 배우들의 파란만장한 인생 이야기를 듣는 술자리가 처음에는 무척 흥미로웠다. 그렇지만 시간이 지나면서 나는 수직적 압력이 강하게 느껴지기 시작하였다. 나이가 가장 적은 내가 빈 술잔들을 채우는 일에 큰 관심을 두지 않는다는 핀잔의 말을 듣기 시작하였고, 오늘은 처음이라서 존댓말을 쓰지만 다음에 또 만나면 말을 놓겠다는 말도 들었다. 사람들은 그 모임에 다른 분야에서 인생을 살아온 새로운 사람이 왔다고 생각하질 않고 그냥 동생이 왔다고 생각하는 것 같았다. 나도 한국 사람이지만, 그리고 한국 사람들의 그런 수직적 문화를 모르지 않지만, 그날 그 모임은 내게 일종의 문화 충격이었다. 그리고 새삼 한국 사람들의 강고한 수직적 문화를 실감하게 되었다. 그런데 그것이 정말 '문화'일까?

　　본래 '문화'라는 말은 보편성을 담아내기 위한 것이지 특수성을 포장하기 위한 것이 아니다. 그렇기에 '한국 문화'라는 말도 한국인의 어떤 구체적 삶의 방식에 무언가 보편적인 것이 있을 때, 다른 나라 사람들이 보기에도 수긍이 가는 것일 때 사용할 수 있는 것이다. 그렇지 않을 경우 그것은 '한국 문화'이니까 그냥 이해하라는 말밖에 되지 않을 것이다. 사실 나도 한국인이지만, 매번 나이를 따지고 한 살이라도 차이가 나면 형아우를 따지는 관습에 어떤 문화적인 게 있는지를 알지 못한다. 물론 친족 관계를 염두에 두고 이렇게 말하는 것은 아니다. 다 자란 성인들의 사회적인 관계를 말하는 것이다. 가족 안에서 형제자매 간에 서열을 정해 주는 데는 문화적인 이유가 있다고 보아야 한다. 하지만 사회적 관계에 그러한 서열을 도입하는 데는 문화적인 근거가 아무것도 없다. 오히려 거기서 우리가 발견(해야)하는 것은 문화의 결핍이다.

　　이러한 결핍과 관련하여 처음에 제기된 물음으로 돌아가 보자. 즉, 왜 선악의 문제만 있질 않고 문제의 일반성도 있는 것일까? 왜 좋은 선배/형과 나쁜 선배/형을 판단하는 문제만 있는 게 아니라 선후배/형아우 관계 일반의 문제를 고민해야 하는 것일까?

이와 관련하여 우리는 아이들의 세계와 성인들의 세계를 구분할 필요가 있다. 아이들의 세계는 주로 가족이나 학교다. 어른들의 세계에는 직장이 포함된다. 이 두 세계를 편의상 제1세계와 제2세계라고 불러 보자.[8]

형아우 관계나 선후배 관계는 그 관계들의 본래적 자리인 제1세계에서는 선악의 문제만을 낳는다. 그곳에서는 나쁜 형이나 선배가 있을 수는 있지만, 그 관계들 자체가 문제시되지는 않는다. 왜냐하면 가족이나 학교에서 형아우 관계나 선후배 관계는 자리나 순서를 정해 주는 문화적 기능이 있기 때문이다. 문제는 이 관계가 제2세계로까지 연장될 때 발생한다. 즉 성인들의 관계에서 여전히 제1세계의 관계와 호칭을

8   나는 이 두 세계의 구분과 관련하여 전자의 세계를 '공동체'라고 부르고 후자의 세계를 '연합'이라고 부르자는 제안을 해 왔다.(이성민, 『일상적인 것들의 철학』(바다출판사, 2016), 106쪽.)

유지하려고 할 때, 우리는 선악의 문제와 문제의 일반성 양쪽 모두와 직면해야 한다. 좋을 때, 그건 다만 선악의 문제일 수 있다. 나쁠 때, 문제의 일반성이 우리 마음속에 점점 더 머리를 내밀며, 한국인의 관계·문화적 결핍이 점점 더 참을 수 없는 것이 되어 간다.

한편으로 보자면 이것은 제1세계가 제2세계를 침범하는 것이지만, 다른 한편으로 제2세계가 제1세계로 퇴행하는 것이기도 하다. 바로 이와 같은 퇴행의 결과를 잠정적으로 '사회적 증상'이라고 부르기로 하자. 사회적 증상을 이해하기 위해 우리는 그것을 '문화=문명'[9]과 연동시켜야 한다.

제1세계는 아이들이 정신적으로나 신체적으로 건강하게 성장할 수 있도록 도와주는 측면적이거나 (동기간, 또래 관계) 수직적인(부모와 자식, 교사와 학생) 공동체적 문화가 있거나 있어야 한다. 반면에 제2세계는 독립한 성인들의 인간관계를 조율하고 그들이 그 관계를 향유할 수 있게 해 주는 평등주의적 문화가 있

9   "나는 문화와 문명을 구별하는 것을 경멸한다."(지그문트 프로이트, 앞의 책, 168쪽.)

거나 있어야 한다. 평등주의는 서양으로부터 온 외래적인 이념이기 이전에 성인들의 독립성 그 자체가 문명 속에서 언제나 요청해 왔던 무엇이다.[10] 이 후자의 문화를 제2문화라고 부르기로 하자.

제2세계가 제1세계로 퇴행하는 것은 제2문화가 제대로 기능하지 않거나 부재하기 때문이다. 그리고 이러한 몰기능이나 부재가 바로 사회적 증상의 중요한 원인 중 하나일 것이다. 간단한 결론 같아도, "문명 속의 불만"은 새로운 '문명 = 문화'를 발명함으로써 치유될 수 있다.

이 글을 시작하면서 예로 든 의사는 서울의 대학병원을 그만두고 지방으로 갔다. 하지만 이런 유형의 경험을 한 후에 이민을 생각하는 사람도 있을 것이다. 이민을 생각할 때 그건 가령 중국이나 일본은 아닐 것이다. 아마 우리와는 다른 문화권인 서양의 어느 나라일 확률이 높다. 이는 달리 생각해 보면 그러한 사람들이 그것을 문화의 문제로 ── 의식적으로는 아니더

---

10   사극을 보다 보면 예전에 조선의 양반들이 나이와 상관 없이 호칭에서부터 서로를 얼마나 평등하게 대했는지를 어렵지 않게 알 수 있다.

라도 ── 정확하게 인식하고 있음을 보여 준다.

　　새로운 관계적 문화를 발명하고 실험하는 데는 큰 규모의 집단보다는 작은 규모의 집단이 더 유리할지도 모른다. 대기업보다는 중소기업이. 대학병원보다는 작은 병원이. 대중들이 모인 곳보다는 같은 직업이나 관심을 가진 사람들이 모인 곳이. 하지만 그렇다고 해도 이러한 인간관계 실험들은 기존 관행의 저항을 결코 쉽게 극복할 수 없을 것이다. 성장하고 있는 아이들의 관계보다는 어른들의 관계에서 관성은 더 크게 작용한다. 우리는 새로운 관계적 상황이 초래하게 될 당혹감을 쉽게 극복하기 힘들다. 특히 인간관계가 이미 선후배 관계나 형아우 관계의 호칭을 수용하고 있을 때, 즉 이미 친밀해졌을 때, 새로운 평등주의적 호칭을 도입하는 일은 거의 불가능에 가깝다.

　　한국인의 수직적 문화가 잘 없어지지 않는 데는 언어가 작용한다. 선후배나 형아우 호칭은 수직적 호칭이면서도 또한 친밀성을 내포하는 호칭이다. 어른이 된 사람들도 삭막한 사회생활에서 친밀한 인간관계를 필요로 한다. 이러한 친밀성에 대한 요구가 평등주의에 대한 요구를 앞서는 한, 수직적 관계 구조를 바꾸는 일은 쉽지 않을 것이다. 하지만 친밀성에 대한 요구가 우리에게 퇴행적인 작은 피난처만을 제공하고 있는 오늘날, '문화=문명'이 요구하는 과제를 언제까지나 외면할 수도 없는 일이다. 니체와는 다른 의미에서, 우리는 선악을 넘어설 필요가 있다. 그곳이 우리가 새로 개척해야 할 모험의 장소다.

란의 이름

우리 집 개 이름은 '란'이다. 눈이 큰 이 참께 시바를 데리고 아내와 나는 매일 저녁 동네 산책을 시작한다. "오늘은 또 어디로 가 볼까?"라고 하면서. 산책을 하다 보면 못 보던 개와 견주를 만날 때가 있다. 그럴 때면 그 주인들이 서로의 이름이 아니라 서로의 개 이름을 묻는 일이 발생한다.[1]

"얘 이름이 뭐예요?"

"란이에요."

[1] 외국에서 살아 본 적이 없는 나는 이것이 K-현상인지 아닌지 확신을 아니한다.

이렇게 대답을 해 놓고도 나의 뇌는 우리 집 개의 이름이 '란'인지 아니면 '란이'인지[2] 확신을 아니한다. 그렇다고 해서 이름을 궁금해한 상대방에게 정확을 기하여 "'란이'가 아니라 '란'이에요."라고 다시 말하는 것은 별 소용이 없는데, 왜냐하면 나의 이 말은 그 사람에게 "란이가 아니라 란이에요."라고 들릴 것이기 때문이다. 아무리 달려도 제자리인 꿈처럼, 아무리 차이 나게 말하여도.

이 어정쩡함은 한국의 그 유명한 '나이 어정쩡'과는 성격이 조금 다르지만, 여하튼 그것과 짝인 듯 '이름 어정쩡'이라고 부를 수 있을 것이다. 그런데, 나이 어정쩡은 '한국 나이로'나 '만으로' 같은 것을 덧붙여 그때그때 해결을 볼 수 있지만, 이름 어정쩡은 이미 보았듯이 이런 식의 해결책을 찾을 수가 없다.

그런데 이 문제는 상호 존댓말이 아니라 상호 반말을 사용한다고 해서 사라지지 않는다. 즉 이렇게 대화한다고 해서.

2   아니면, '라니'인지.

"얘 이름이 뭐야?"

"란이야."

여기서도 문제는 같다. 존댓말과 반말 양쪽에서
다 발생하는 이 이름 어정쩡 문제를 해결하기 위하여
나는 새로운 평어 대화 방법을 구상하였다.

　나의 개 이름을 내게 묻는 사람은 그 이름을 알지
못하기 때문에 묻는 것이다. 다시 말해서 나는 그의
질문에 답하면서 그에게 나의 개 이름 정보를 최초로
제공한다. 이처럼 새 정보 제공 평어 대화에서 대답은
다음과 같이 정보 자체로만 이루어진다.[3]

"얘 이름이 뭐야?"

"란."

사실 이러한 대화는 반말에서도 가능하다. 따라
서 나는 금방 반말에서 가능한 두 대화 중 하나만을

3　　이것은 꼭 평어에서 사람을 부를 때 이름만으로 부르는 원칙을 닮
은 것 같으며, 그렇기에 무슨 관련이 있는 것도 같다.

평어의 방법으로 만든 것이다. 이 방법으로 평어 대화에서 이름 어정쩡 문제는 대부분 해결된다. 그리고 이 방법이 널리 사용된다면, 앞으로 반말 대화도 이 평어 방법의 영향을 받을 것이다.[4]

이제 상대방이 란의 이름에 익숙해져서 더 이상 '란'과 '란이'를 혼동하지 않게 되었을 때, 즉 '란-이야'와 '란이-야'가 아무리 발음이 똑같아도 내가 '란-이야'를 의도하면서 말하고 상대도 그것을 '란-이야'로 듣게 되었을 때, 질문에 대한 대답으로 '란'과 '란이야'가 모두 가능하다.

"누가 더 얌체야?"
"란."/ "란이야."

그렇지만 그렇게 되기 전까지는 그냥 "란."이라고 계속 말하는 것이 좋을 것이다.

---

4   상호 존댓말 상황이긴 하지만 동네 마트에서 계산원이 전화번호 끝 네 자리를 물어볼 때도 나는 이 방법을 사용한다. 즉 "일-이-삼-사."라고 숫자 네 자리만 말한다. 그러고는 다시 존댓말로 인사를 나눈다.

어쩌면 그렇게 말 에너지를 매일매일 차곡차곡 아끼다 보면, 그 에너지가 꼭 필요할 때, 예를 들어 친구에게 아름다운 말을 선물하고 싶을 때, 말 저금통에서 에너지를 꺼내 쓸 수 있을 것이다.

"말도 저축이 가능?"
"응, 가능."

왜냐하면 사람에게는 타고난 비례의 감각이란 것이 있으니까. 중간 길이의 문장들이 지속되는 말 생활은 사실 지루하다. 그렇지만 짧고도 명료한 말들을 맛보면서 사는 사람이라면, 길고도 세련된 말들의 빈자리가 느껴질지도.

모험의
언어

"평등을 이해시키는
긍정적이고 자연적인 관점이란
무엇일까?"

영어는 비즈니스에 최적화된 언어이다. 한국과 외국의 직장 생활을 비교해 보면 그 차이를 확실히 알 수 있다. 한국과 달리 영어 문화권에서는 격식에 얽매이지 않는 수평적인 인간관계가 보편적이다. 후배도 you로 부르고 사장도 똑같이 you라 부른다. 한국어처럼 "~께서 ~하십니다"와 같은 존댓말 어미도 사용하지 않는다. 사고방식과 문화가 언어에 반영되고, 언어는 다시 사람 사이의 관계에 영향을 미친다. 이런 이유로 영어를 말할 때의 나는 한국어를 할 때의 나와 많이 다르다. 같은 사람과 대화를 나누더라도 영어로 말할 때는 편한 자세로 부담 없이 말하다가 한국말로 바뀌면 갑자기 말투가 어색해지고 허리를 곧추세우게 된다. 서로 다른 언어에는 서로 다른 행동 양식이 이

미 녹아 있기 때문이다.　　　　　　—김현정[1]

오늘 나는 여기서 한국어 존비어체계를 다룰 것이다.
'존댓말'이나 '반말' 같은 말은 들어 봤어도 '존비어
체계'라는 말은 들어 보지 못한 사람이 있을 것이다.
이 용어는 한국학 연구자 최봉영이 자신의 저서 『한
국 사회의 차별과 억압』에서 도입한 용어다. 그는 존
비어체계를 지칭하는 기존 명칭들의 위선을 지적하
면서 이렇게 말한다: "[국어학자들]은 존비어체계가
'한쪽을 높이는 동시에 한쪽을 낮추는 차별적 어법'임
에도 불구하고, '한쪽을 높이기 위한 어법'으로 규정
하고, 존비어체계를 대우법, 경어법, 존경법과 같은
이름으로 불렀다."[2] 최봉영은 현재의 한국어 관행이
한쪽을 높이는 동시에 한쪽을 낮춘다는 사실에 눈을
감지 않으면서, 이 사실이 함축하는 언어적 체계를 존
비어체계라고 부른다.

1　김현정, 『벙커C유를 팔던 김 대리는 어떻게 비즈니스 영어의 최고
수가 되었을까』(미다스북스, 2019), 174쪽.
2　최봉영, 『한국 사회의 차별과 억압』(지식산업사, 2005), 147쪽.

알다시피 존댓말의 반대는 반말이다. 그런데 반말은 낮춤말이기도 하지만, 친한 사이나 또래 사이에 편하게 사용하는 말이기도 하다. 편의상 전자를 '반말 A'라고 부르고 후자를 '반말 B'라고 부르기로 하자. 그렇다면 존비어체계는 존댓말과 반말 A로 이루어진 체계로 볼 수 있다. 그리고 반말 A는 존비어체계 안에 포섭된 반말로 볼 수 있다.

내가 아는 한 지구상에서 존비어체계를 사용하는 나라는 한국과 일본뿐이다. 존비어체계가 있는, 내가 알지 못하는 민족이나 종족이 있을 수는 있겠지만, 있어도 많지는 않을 것이다.[3] 중국은 권위주의적 사회지만 존비어체계를 사용하지 않는다. 중국에 지인이 많고 종종 중국 출장을 가는 나의 한 친구는 이를 확인해 주었다. 즉 중국이 권위주의적 사회이긴 해도 한국인들과는 달리 중국인들은 상하 관계에서도 대화

---

[3] '존비어체계'라는 개념을 처음 도입한 학자 최봉영은 그것을 호칭체계와 구별한다. "한국어와 일본어는 호칭체계와 더불어 존비어체계를 갖고 있다. 존비어체계는 호칭으로 구분된 상하관계에 따라 어휘, 조사, 어미 등에 차이를 두어 문장의 형태를 달리함으로써 상하관계를 한층 엄격하게 담아내는 구실을 한다."(최봉영, 앞의 책, 15쪽.)

가 활발하고 거침이 없다는 것이다. 그것이 무척 인상적이었다고. 실제로 중국에서 한국어를 전공하고 한국에서 유학한 중국인 왕효령은 중국 공무원 연수단이 한국에 와서 지도교수와 같이 식사를 했을 때 있었던 일을 이렇게 전해 준다. "그때 부성장(성은 한국의 도에 해당하는 행정단위)급인 사람이 경리한테 라이터를 달라고 했는데 경리가 자기 라이터를 상사한테 던지는 장면을 보고 우리 교수님은 너무도 놀랐다고 했다. 하지만 그것이 바로 중국이다."[4] 즉 일상을 지배하는 존비어체계가 없는 중국 사람들은 공적 업무에서 벗어난 사적인 자리에서는 위아래를 따지지 않는다는 말이다.

한국어와 같은 어족의 언어를 사용하는 몽골인들에게도 존비어체계는 낯설다. 한국에서 일하고 있는 몽골인들이 특히 숫자나 존댓말 표현을 어려워한다는 보도[5]에서 알 수 있듯이.

---

4   최봉영, 앞의 책, 60쪽.
5   「"겨울연가 속 따뜻한 나라 살아보니 너무 추워요"」, 《동아일보》, 2012년 1월 5일자.

존비어체계를 그냥 존비어라고 부르지 않고 존비어체계라고 부르는 이유는 존댓말(=존어)과 반말(=비어)이 결합하여 하나의 체계를 이루기 때문이다. 존비어를 사용하는 한국인은 언제 존댓말을 쓰고 언제 반말을 쓸지 체계적으로 잘 알고 있으며, 이 체계에 익숙하다.

반면 한국어를 배우는 외국인은 존댓말도 배워야 하고 반말도 배워야 하고 이 둘이 결합된 체계도 배워야 한다. 즉 언제 존댓말을 쓰고 언제 반말을 쓰는지도 배워야 한다. 따라서 한국인이 영어를 배우는 것보다는 미국인이 한국어를 배우는 게 아마 더 어려울 것이다.

최봉영은 존비어체계의 문제점을 깊이 파고들어 공개적으로 지적한다. 그는 이 체계로 말미암아 한국인들이 정치적 민주주의를 달성했으면서도 불행히도 여전히 "유사신분관계" 속에서 살아간다고 말한다. 그래서 그는 『한국 사회의 차별과 억압』이라는 책을 집필한 것이다. "앞으로 한국인이 이러한 비극에서 벗어나기 위해서는 누군가 고양이 목에 방울을 달아야 한다. 그런데 그 일이 하필 내 몫으로 되어 버린

현실이 자못 원망스럽기도 하지만, 그렇다고 어느 누구도 나서지 않으니 피할 수 없는 일이 되고 말았다. 하늘에 맹세코 정성을 다하고, 또 정성을 다할 뿐이다.”[6] 책 머리말을 마무리하는 최봉영의 이 말은 정말 비장하게 들린다. 뿌리 깊은 언어적 관행으로 인해 우리는 얼마나 더 불행한 것일까? 언어는 존재의 집이지만(하이데거) 문을 열고 간단히 외출할 수 있는 집이 아니며, 그렇기에 우리는 우리의 언어적 운명을 바라볼 수 있는 관점을 획득하기가 정말 힘들다.

최봉영은 우리에게 용기 있게 저 책을 선물했지만, 존비어체계의 현실적 소멸이 쉽지 않을 거라고 본다. 언어 문제란 그리 간단하지 않다. 그리고 나 역시 그렇게 생각해 왔다. 하지만 개인적인 실험을 종종 해온 편이라서, 나에게는 이제 나이차에도 불구하고 서로 반말 B를 쓰는 오래된 친구가 몇 명 있다. 또한 몇 년 전 제주도의 한 모임에서는 집단적으로 반말 B를 사용하는 실험을 성공적으로 한 적도 있다. 일회성 실험에 불과했지만 말이다. 그 실험은 나에게 큰 인상을

6   최봉영, 앞의 책, 11쪽.

남겼다. 그 실험을 통해서 나는 한국 사회 전체가 존비어체계를 당장 버리기는 힘들겠지만, 작은 집단에서 일시적일지라도 그 체계를 버리는 것은 그렇게 어렵지 않다는 걸 확인했다.

인위적 실험이 아니더라도 존비어체계가 갑작스럽게 해체되는 순간이 있다. 그것은 상대방과 나의 관계가 적대 관계로 돌변하는 순간이다. 나도향의 소설 「물레방아」는 바로 그런 순간을 붙잡은 인상적인 장면을 담고 있다. 방원은 신치규 집에서 머슴살이를 하며 아내와 그날그날을 살아간다. 신치규는 방원의 아내를 유혹하고, 이에 격분한 방원은 신치규를 거칠게 폭행한다. 방원은 평소 신치규에게 존댓말을 사용해왔다. 그렇지만 이제 관계는 돌변하며, 이 순간 방원의 주관성에서 발생하는 일을 나도향은 이렇게 묘사한다. "방원은 한참이나 쳐다보고서 말이 없었다. 생각대로 하면 한 주먹에 때려 누일 것이지마는 그래도 그의 머리 속에는 아까까지의 상전이라는 관념이 남아 있었다. 번갯불같이 그 관념이 그의 입과 팔을 얽어 놓았다. 어려서부터 오늘날까지 남을 섬겨 보기만 한 그의 마음은 상전이라면 모두 두려워하는 성질을 깊이깊이 뿌리박아 놓았다. 그러나 오늘부터는 신치규가 자기의 상전이 아니요, 자기가 신치규의 종도 아니다. 다만 똑같은 사람으로 마주섰을 뿐이다. 아니다, 지금부터는 신치규도 방원의 원수였다. 그의 간을 씹어먹어도 오히려 나머지 한이 있는 원수다." 이제 방원은 신치규를 똑바로 쳐다보며, 이에 신치규는 이렇게 응수한다. "똑바루 보면 어쩔 터이냐? 온 세상이 망하려니까 별 해괴한 일이 다 많거든. 어쩌 이놈아!" 그리고 이에 대한 방원은 응답은 이렇다. "이놈아?"[7] 즉 상호 반말(B)이 시작되었으며, 존비어체계의 비대칭성이 붕괴되었다.

이 사례를 통해 우리는 한국인도 상하 관계에서 반말(B)을 **자연스럽게** 사용하는 경우가 있다는 것을 알 수 있다. 그것은 바로 서로 적이나 원수가 되어 싸울 때다. 방원과 신치규처럼 존비어체계적 관계가 아니라 서로 존댓말을 사용하던 관계라면 누군가가 먼저 반말을 던지기 마련이며, 이것이 또 빌미가 되어 싸움이 격화되면 결국 서로 반말을 쓰게 된다. 알다시

---

7   나도향, 「물레방아」『한국단편문학선 1』(민음사, 1998), 142쪽.

피 격렬한 싸움은 늘 그렇게 흘러가기 마련이다. 싸움을 구경하는 사람들도 싸움의 당사자들이 서로 반말을 사용할 때 이상하다고 생각하지 않는다. 상호 적대 관계에서 발생하는 전쟁은 서로를 평등하게 만들며, 이 평등은 당사자만이 아니라 구경꾼들도 인정하는 보편적 평등이다. 싸울 때는 위아래가 없어진다. 그리고 우리는 이제 **적대를 통해 생겨나는 평등**이 있다는 것을 확인했다. 평등의 숭배자들이 전쟁을 좋아한다면 이상한 일이 전혀 아니다.

실험실이 아니라 자연적 과정에서 한국인은 종종 또래 언어 반말 B를 나이나 지위와 상관없이 사용한다. 그리고 이때 관계는 평등에 도착한다. 우리는 금방 그 평등을 적대를 통해 생겨나는 평등이라고 불렀다. 이 평등을 확인한 덕분에 우리는 한국인에게 없는 것이 무엇인지를 정확하게 집어낼 수 있다. 그것은 **바로 우호를 통해 생겨나는 평등**이다. 한국인은 비우호적이거나 중립적인 관계만이 아니라 우호적인 관계에서도, 이미 친밀하거나 평등한 관계가 아닌 이상, 존비어체계를 사용한다. 처음에는 서로 존댓말을 쓰겠지만, 곧이어 나이를 따지고 존비어체계 안에서 자기와 상대방의 위치를 정하기 마련이다. 이는 우리에게 너무나도 익숙한 절차다. 그리고 이제 이 두 평등을 —— 이미 존재하는 평등과 아직 존재하지 않는 평등을 —— 같이 생각해 보면, 한국인은 부정적 상황에서는 평등에 도착할 줄 알지만, 긍정적 상황에서는 그렇지 못하다는 것을 확인할 수 있다. 이 존재하지 않는 평등은 우리에게 언제나 하나의 이상처럼 남아 있다. 혹은, 존댓말의 위선을 통해 우리는 그 평등에 이미 도착해 있다고 착각한다.

이 이상을 실현하는 것은 왜 그토록 힘든 것일까? 나는 그 이유 중 하나가 바로 존비어체계의 존재 그 자체라고 생각한다. 존비어체계는 존댓말과 반말 중 반말에 좋지 않은 이미지를 부여한다. 반말은 평등의 언어(반말 B)이기도 하지만, (특히 존비어체계 내에서) 하대의 언어(반말 A)이기도 하다. 그렇기에 서로 존댓말을 사용하는 집단은 서로를 존중하는 집단처럼 보이고, 서로 반말을 사용하는 집단은 서로를 존중하지 않는 집단처럼 보인다. 가령 서로 존댓말을 사용하는 집단은 대화 중 욕을 하기 힘들 것이다. 하지만 서로 반말을 사용하는 집단은 욕을 하기 쉽다. 우리는 서로를 은근히 깔보면서, 또 욕을 섞어 가며 우쭐대면서, 서로 싸우기도 하고 또 친하게 지내는 다소 거친 또래 집단을 쉽게 상상해 볼 수 있다. 가령 「말죽거리 잔혹사」나 「써니」에 나오는 좀 거칠어 보이는 고등학교 또래 집단. 우리는 이런 집단에서 존댓말이 사용될 거라고 상상도 할 수 없다. 그렇기에 역으로 철없던 시절의 그런 또래 집단에서 벗어나서 이제 성인으로서 서로를 존중하면서 존댓말을 사용하는 것이 더 좋아 보일 수 있을 것이다. 그렇다고 할 때 존비어체계의 폐지는 곧 "야생의 것들이 있는 곳"[8]을 의미하지 않겠는가?

그렇지만 오히려 존비어체계의 유지를 통해 우리는 친밀하면서도 평등하고 성숙한 관계에 도착하는 실존적이고 문화적인 여정을 그저 언어를 교체하는 것으로 회피하고 있었던 것 아닐까? 어쩌면 우리는 어렸을 때부터 자연스럽게 사용해 온 반말을 이제 좀 더 세련된 삶의 도구로 개발하는 과제를 저버리고

---

8   줄리엣 미첼 저, 이성민 역, 『동기간: 성과 폭력』(도서출판b, 2015), 94쪽.

있었던 것 아닐까? 존비어체계라는 단단한 감옥 안에 붙잡혀 있는 반말(A)을 사용할 때 우리가 하대하는 것은 우리 자신일지도 모른다. 이 체계 안에서 우리는 타인을 하대하면서 동시에 우리 자신을 하대하고 있는 것일지도 모른다. 사실 나는 타인을 존중하지 않으면서 자신을 존중할 수 있는 길이 있다는 이야기를 들어 본 적이 없다. 그런 것을 주장하는 윤리학이나 철학서는 존재하지 않는다. 하지만 이런 말을 들려줄 때 나는 강력한 반론을 각오해야 한다. 그것은 바로 존비어체계를 없애는 다른 길이 있다는 반론이다. 즉 이 체계를 떠받치는 두 축 가운데 존댓말이 아니라 반말을 없애자는 주장. 나는 존댓말을 없애기보다는 차라리 반말을 없애자는 주장을 선호할 사람들이 많다는 것을 잘 알고 있다.

왜 그런 사람들이 많은 것일까? 그렇게 하는 게 옳아 보이기 때문이 아니라 쉬워 보이기 때문이라는 게 나의 판단이다. 이미 말했지만, 반말을 없애면, 반말을 새롭게 디자인하는 실존적, 문화적 과제에서 벗어날 수 있다. 하지만 이 주장의 문제 중 하나는 손쉬워 보이는 바로 그것이 실은 불가능하다는 데 있다.

반말을 폐지하는 것은 불가능하다. 반말은 아이들이 자연스럽게 배우는 말이다. 그렇기에 나는 반말을 '자연어'라고 부르기도 한다. 인간은 태어나면서부터 언어를 배우기 시작하는데, 그때 배우는 언어가 바로 반말이다. 따라서 반말을 완전히 없애기 위해서는 어렸을 때부터 부모와 아이가 오로지 존댓말만 사용해야 한다. 이것 자체도 힘든 일이겠지만, 더 큰 문제가 있다. 즉 부모와 아이가 처음부터 존댓말만 사용한다면, 바로 그 존댓말이 이제 더 이상 존댓말이 아니라 반말이 될 것이다. 자연스러운 관계에서 자연스럽게 사용하는 게 반말이라면, 그리고 그런 관계에서 늘 존댓말을 사용해 왔다면, 이제 존댓말이 반말이 되는 것이다.

그렇기에 나에게 반론을 제기하는 사람은 주장을 수정하여 이렇게 말할 것이다. 어렸을 때는 반말을 사용하고, 어른이 되면 존댓말만 사용하면 된다고 말이다. 즉 성인의 언어에서 반말을 폐지함으로써 존비어체계를 없앨 수 있다고 말이다. 사실 성인들은 상호 존댓말을 많이 쓴다. 존댓말을 사용하지 않는 영역은 (가족이나 친족간을 제외하면) 사적인 연인 관계나 친구

관계로 한정된다. 그런 관계가 아닐 때 성인들은 일반적으로 존비어체계를 사용하거나, 아니면 오로지 존댓말만을 사용한다. 가령 나는 존비어체계를 사용하지 않고 오로지 존댓말만을 사용하는 편이다. 그리고 나와 같은 원칙을 가진 사람들이 적지는 않을 것이다. 그런데 나는 지금 여기서 바로 그 원칙을 문제시하고 있다.

우리는 앞에서 적대를 통해 생겨나는 평등이 있으며 그 평등에는 모종의 보편성이 있다는 것을 보았다. 전쟁에서 나와 너는 평등해지며, 이 평등은 구경꾼들에게서 보편적인 인정을 받는다. 전쟁은 인간의 자연적 평등을 볼 수 있게 해 주는 하나의 유력한 관점이다. 우리는 이제 이 평등에 내재하는 한 가지 특징에 주목하려고 한다. 그것은 바로 그것의 강렬함이다. 내가 나의 적에게 반말(B)을 사용해서 말할 때, 나의 말은 강렬하다. 이 강렬함은 관계의 가까워짐과 무관하지 않다. "그러나 오늘부터는 신치규가 자기의 상전이 아니요, 자기가 신치규의 종도 아니다. 다만 똑같은 사람으로 마주섰을 뿐이다. 아니다, 지금부터는 신치규도 방원의 원수였다." 우리는 이 구절에서 적대감을 지탱하는 근접성을 발견한다. 이제 방원은 똑같은 사람인 신치규를 똑바로 쳐다본다. 그리고 이러한 근접성은 신치규의 신경을 건드린다. "똑바루 보면 어쩔 터이냐?" 가깝고도 직접적인 응시의 선을 통해 강렬한 적대감이 전달된다. 그리고 이제 신치규에게도 방원은 적이 된다.

우리는 앞에서 우호를 통해 생겨나는 평등이 우리에게는 존재하지 않는다는 것을 보았다. 나는 적대와 우호의 대칭성을 이용해서 이 우호가 적대만큼이나 강렬한 것이어야 한다고 가정할 것이다. 그렇다고 할 때 '우호'는 좀 부적절한 단어 선택 같기도 하다. '적대'처럼 강렬해 보이지 않으니까 말이다. 그렇지만 우리는 적대가 가까움을 가리면서 강렬함을 앞세우듯, 우호는 강렬함을 가리면서 가까움을 앞세운다고 말할 수도 있을 것이다. 여하튼, 부정적으로 강렬한 적대의 반대편에 긍정적으로 강렬한 우호가 있어서, 그와 같은 우호를 통해 생겨나는 관점이 또래적 평등과 상호 반말(B)의 사용을 보편적으로 자연스럽게 인정할 수 있게 해 준다고 할 때, 바로 그 관점이란 무엇일까? 그리고 그러한 우호란 도대체 무엇일까? 전쟁이 평등을 이해시키는 부정적이고 자연적인 관점이라면, 평등을 이해시키는 긍정적이고 자연적인 관점이란 무엇일까? 일단 나는 그것을 '미지의 X'라고 부를 것이다. 이 미지의 X와 전쟁이 공유하는 특성은 가까움과 강렬함이다.

이제 이렇게 질문해 보자. 전쟁의 반대는 무엇일까? 평화일까? 전쟁의 반대가 평화라는 오래된 관념은 전쟁의 파괴에 맞서 평화를 추구하는 구실만이 아니라 평화의 침체에 맞서 전쟁을 요청하는 구실이 되어 왔다. "전쟁을 통하여 국민의 윤리적 건전성은…… 제대로 보존되는데, 이는 마치 바람의 움직임이 바닷물이 썩지 않도록 막아 주는 것과도 같다. 오래도록 바람이 불지 않으면 바다가 부패하듯 이 지속적인 평화나 심지어 영구적인 평화는 국민을 부패시킨다."[9] 우리는 헤겔의 이 악명 높은 말에 내재하는 설득력을 단지 무시할 수만은 없다. 그런데 이 설득력을 지탱하는 것은 전쟁 대 평화라는 유구한 이분법적 틀 그 자체다. 이러한 이분법은 전쟁에 파괴만이 아니

9   G.W.F. 헤겔 저, 임석진 역, 『법철학』(한길사, 2008), 564~565쪽.

라 활기를 주며, 평화에 보존만이 아니라 침체를 준다. 더 나아가 이 이분법은 전쟁 이외의 활기차고 강렬한 모험을 상상하기 힘들게 만든다.

모험이 전쟁과 마찬가지로 강렬함을 내포하는 것이라면, 우리는 미지의 X가 혹시 모험이 아닐까 생각해 볼 수 있을 것이다. 그렇다면, 우호를 통해서 생겨나는 평등이라는 게 있을 때, 그 평등은 함께 모험을 하는 사람들 사이에 형성되는 평등이어야 한다. 우리의 논의에 따르면 그들은 서로 평등의 언어를, 즉 반말 B를 사용할 것이다. 모험은 전쟁과 마찬가지로 강렬함을 내포하는 단어다. 그게 이 단어의 장점이다. 그렇지만 우리는 왜 모험의 관점이 전쟁의 관점과 마찬가지로 평등을 자연스럽게 이해시키는지 알지 못한다. 그렇지만 이제 다음과 같은 사실을 고려해 보자. 즉 모험은 그렇게 잘 정의된 개념이 아니라는 사실. 모험은 아직까지 느슨한 개념이어서 우리는 다양한 모험 사례를 알고는 있지만 모험에 대한 명확한 개념을 가지고 있지는 않다. 따라서 우리는 모험이 갖는 기존의 장점을 이용해서, 평등을 보편적이고 자연적인 방식으로 이해시키는 모험이란 무엇인지를 탐사하는 여정을 시작할 수 있을 것이다.

나는 존비어체계가 없는 언어를 사용하는 사람들이 항상 모험적인 삶을 산다는 말을 하려는 게 아니다. 다만 존비어체계를 사용하는 사람들에게는 불가능한 모험이 있을지도 모른다는 말을 하고 있는 것이다. 그것은 서로를 높이는 것도 아니고 서로를 낮추는 것도 아니고 정확히 **동등한 인간으로서** 함께하는 모험이다. 그런 모험이 존재한다고 했을 때, 반말 B는 모험의 언어일 것이다. 그리고 어느 날 앞에 있는 동료와 함께 그와 같은 인생의 모험을 정말 하고 싶다는 생각이 방원의 마음속에 생겨날 때, 방원의 주관성에서 발생하는 일은 이렇게 묘사될 수 있을 것이다. '오늘부터는 그 사람이 자기의 선배가 아니요, 자기가 그 사람의 후배도 아니다. 다만 똑같은 사람으로 마주 섰을 뿐이다. 아니다, 지금부터는 그 사람도 방원의 친구였다.'

평어와
세 개의
현실

"평어를 사용할 경우 일상의 삶을
좀 더 풍요롭고 아름답게 만들어 줄
은유를 개발하는 일이 보다 쉬워질 것이다.
나는 유머의 경우도 그럴 수 있다고 본다."

디자인사는 모더니즘으로 시작한다. 미술공예운동과 바우하우스의 디자인 모더니스트들은 사회개혁가들이었다. 그들은 디자이너들이 사회적 문제를 해결할 수 있을지도 모른다는 가능성을 처음으로 알아보았다. 디자이너라면 알고 있겠듯이, 그것이 디자인 역사의 시작이었다. 디자이너는 모더니즘의 후예들이다.

　　나는 디자인 모더니즘의 정신 중 가장 좋은 것을 놓지 않으면서, 그리고 오늘날 디자이너들이 디자인 실천의 영역을 전통적인 디자인 직업 바깥으로 넓히고 있다는 사실을 붙잡으면서, 말도 디자인될 수 있는지에 대한 이야기를 할 것이다. 다시 말해서, '경험 디자인'이나 '사회적 디자인'이라는 디자인 착상과 연구와 실천도 어쩌면 놀랍도록 혁신적이지만, 이제 말의 문제도 디자인 문제로 볼 수 있는지를.

나는 가끔 세종이 디자이너 아니었을까 하는 생각을 한다. 그는 아무래도 글의 문제를 디자인 문제로 보았던 것 같으며, 너무나도 기능적이고 아름다운 디자인 해결책을 내놓았다. 그 결과 우리는 한글을 사용하고 있으며, 한글이 없다는 것을 상상도 할 수 없게 되었다. 프랑스 사람들이 「모나리자」가 없다는 것을 상상도 할 수 없다면 그것은 예술 감수성이다. 한국 사람들이 —— 미술관에 있지를 않고 평범한 삶에 있는 —— 한글이 없다는 것을 상상도 할 수 없다면 그것은 디자인 감수성이다. 한글이 없어진다면 한국 사람들의 삶은 한없이 불편해질 것이다.

나는 이제 글이 아니라 말도 디자인 문제로 볼 수 있다는 주장을 할 것이다. 평어가 없다는 것을 상상도 할 수 없는 때가 올 것인지에 아직은 —— 예술 희망이 아니라 —— 디자인 희망을 걸어 놓기만 하고서.

문제의 이름

사유하는 존재는 말하려는 충동을, 말하는 존재는 사

유하려는 충동을 가지고 있다.　　── 한나 아렌트[1]

나는 나의 평어 실험 경험을 나누고자 한다. 평어는 한국말의 숙명과도 같은 존비어체계의 문제를 해결하기 위한 디자인 해결책이다. 지금으로부터 15년 전 최봉영은 한국 사람들이 겪고 있는 말 문제를 '존비어체계'라고 불렀다.[2] 존비어체계는 존댓말과 반말로 이루어진 수직적인 언어 체계이다.

　　반말과 닮기는 했어도 평어는 기존에 없던 한국말이다. 휴대전화를 닮기는 했어도 스마트폰이 기존에 없던 통신기기인 것처럼. 그렇기에 "한국어의 반말과 평어는 그 겉모습이 똑같다."[3]라는 김미경의 말은 반말과 평어를 구분한다는 점에서 맞지만, 겉모습의 작지만 중요한 차이들을 아직은 못 보고 있는 말이다. 우리는 반말 프레임에서 벗어나야 평어의 새로움을 볼 수 있다.

1　　한나 아렌트 저, 홍원표 역, 『정신의 삶』(푸른숲, 2019), 169쪽.
2　　최봉영, 『한국 사회의 차별과 억압』(지식산업사, 2005).
3　　김미경, 『영어학자의 눈에 비친 두 얼굴의 한국어 존대법』(소명출판, 2020), 222쪽.

말과 생각은 떼려야 뗄 수 없는 관계에 있다. 수직적인 존비어체계는 한국 사람들이 생각하는 방식에 영향을 미친다. "한국어의 존비어체계는 (……) 언어 체계 안에 권력 관계를 개입시켜 생각을 소통하는 방식을 강력하게 규정함으로써 생각을 하는 방식까지 강력하게 규정하는 특징을 지니고 있다."[4]

최봉영의 선구적인 연구 덕분에 우리는 제대로 된 문제의 이름을 얻었고, 그 문제를 제대로 볼 수 있게 되었다. 이 책에는 존비어체계로 인해 한국 사람들이 겪고 있는 수많은 문제들이 언급되어 있다. 그렇지만 이 책에는 문제들에 대한 실천적인 해결책이 제시

---

[4] 최봉영, 앞의 책, 147~148쪽. 존비어체계는 심지어 사람의 성격이나 행동에도 영향을 미친다. 최봉영의 이 책에서 중국인 왕효령이 하는 말을 들어 보자. "중국의 외국어 대학교에는 이런 이야기가 나돈다. 1학년 때는 똑같지만 2, 3학년만 되면 서양 언어 계열을 배우는 여학생과 한국어, 일어를 배우는 여학생의 분위기가 많이 달라져서 한눈에 구별할 수 있을 정도라는 것이다. 영어를 배우는 여학생들은 명랑하고 활발하며 당당하다. 하지만 한국어와 일어를 배우는 여학생들은 부드러운 반면에 수줍음이 많고 위축되어 있다고 한다. 내가 보기에도 그렇다. 우리 반(한국어과)이 제일 조용하고, 여자친구들의 목소리는 갈수록 작아지더니, 3학년이 되자, 세 번째 줄에 앉은 여학생의 목소리가 강단에서는 들리지 않을 정도가 되었다."(136~137쪽.)

되어 있지 않다. 그는 존비어체계를 고치는 일이 "매우 어려운" 일이라는 것을 잘 알고 있었다. 그렇기에 그는 "무엇이 문제인가를 명확히 이해하는 일에서 모든 것이 시작되어야 한다."[5]라는 말로 끝을 맺는다.

그리고 15년이 흘렀다. 그사이 이론이 아니라 실천의 영역에서 존비어체계 문제를 해결하려는 시도들이 있었다. 오늘 나는 바로 그러한 시도 중 내가 경험한 것을 소개하려고 한다. 나는 그것을 디자인 실천으로서 소개할 것이다.

최봉영의 책이 나오고 15년이 지난 때에 이번에는 영어학자 김미경이 같은 문제를 다루는 책을 출간했다.[6] 그는 '존비어체계'라는 말 대신 '두 얼굴의 한국어 존대법'이라는 표현을 사용한다. 이 표현은 반쪽짜리 이름 '존대법'이 갖는 결함을 '두 얼굴의'라는 말을 덧붙여 보충하고 있다.

그렇지만 그 역시 최봉영이 본 것을 보았다. 그렇기에 존비어체계가 한국인의 정신을 지배한다고 본

5   앞의 책, 273쪽.
6   김미경, 앞의 책.

다. 그것은 "사람 간에는 항상 위아래가 있다는 것을 세뇌시키는 과정이다." [7] 더 나아가 그녀는 존비어체계를 고치는 것은 어려운 일이 아니라 불가능한 일이라고 본다. 그렇기에 반말과 평어를 구분하면서, 존비어체계의 폐지와 평어의 도입을 신중하게 주장한다. 그렇지만 신중과 격정은 역할을 교대할 수 있다는 듯 또한 아주 격정적으로 이렇게 말한다. "존대법 없이 어떻게 질서 유지할 수 있겠느냐고 반문하는 사람도 있겠지만 지금은 500년 전 조선 시대와 다르다. 우리는 이미 모든 사람이 평등한 세상에 들어와 있다." [8] 그렇지만 우리의 현실은 어떤가?

불안한 현실

2015년 9월, 일본의 철학자 가라타니 고진이 한 출판사의 초청으로 한국을 방문했을 때였다. 미국에서 영문학을 전공했다고 들은 그의 젊은 부인과 서울의 한

---

7   김미경, 앞의 책, 15쪽.
8   김미경, 앞의 책, 224쪽.

도심길을 걸으며 대화를 나눌 기회가 있었다. 나의 관심사를 말하다가 존댓말 이야기가 나왔다. 나의 서툰 영어에도 불구하고 그는 내가 무엇을 말하고 있는지 곧바로 이해했다. 한국말과 마찬가지로 일본말에도 존댓말과 반말을 나누는 존비어체계가 있어서 그랬을 것이다. 존댓말에 대한 나의 관심을 정확히 한정하기 위해 나는 중국말에 존댓말이 없다는 걸 아는지 물었다. 그는 깜짝 놀라 정말 그러냐고 되물었다.

존비어체계 문제를 다룬 최봉영의 책을 읽기 전까지 나 역시 같은 질문을 받았다면 깜짝 놀랐을 것이다. 나의 경우는 남에게 질문을 받고서 깨우친 것이 아니라 남이 쓴 책을 읽고서 깨우친 것이지만 말이다. 그렇게 해서 나는 그 질문을 할 수 있는 사람이 되었다. 하지만 그 전까지 나는 "子曰"이 "공자님께서 말씀하셨다"로 번역되고 "子貢曰"이 "자공이 말했다"로 번역된다는 사실의 기이함을 알지 못했다. 나의 질문을 받기 전 가라타니 부인의 인식 상태와 최봉영의 책을 읽기 전 나의 인식 상태를 '상태 가'라고 불러 보자. 그리고 중국에는 존비어체계가 없다는 것을 아는 인식 상태를 '상태 나'라고 불러 보자. 상태 가의 관점에서는 그렇게 달라 보이지 않던 중국이 상태 나의 관점에서는 아주 달라 보인다. 그리고 이제 한국 사람과 일본 사람의 같은 점이 뚜렷해진다.

최봉영의 책에는 한국과 일본을 비교하는 곳이 많다. 지구상에서 존비어체계가 있는 바로 그 두 나라이니 자연스러운 일이라고 볼 수 있을 것이다. 그중에는 흥미로운 야자타임 이야기도 있다. 야자타임은 존비어체계의 폐해를 극복해 보고자 일본 사람이 고안해 낸 방법이라고 한다. "일본인은 중대한 의사결정이 필요한 경우이거나, 강한 일체감을 형성할 필요가 있을 경우에는 야자타임을 활용하여 조직에 활력을 불어넣고자 한다."[9] 최봉영에 따르면, 민주화 열기가 뜨거웠던 1990년대 초 한국에서도 이 야자타임을 수입하여 시도하는 이들이 있었다. 그렇지만 그러한 시도는 일본과는 달리 성공적이지 않았다. 왜? 최봉영은 그 까닭을 이렇게 설명한다.

일본인은 "야자타임"이 끝나면, 그 사이에 있었던 갖

9   최봉영, 앞의 책, 89쪽.

가지 무례를 말끔히 잊어버리고, 언제 그랬느냐는 듯
이 본래의 엄격한 질서로 복귀할 수 있는 까닭에 필요
에 따라 언제든지 "야자타임"을 만들 수 있다. 즉, 일
본인은 속내와 겉마음을 쉽게 달리할 수 있기 때문에
"야자타임"을 거듭해도 문제가 되지 않는다. (……) 한
국인은 하나의 마음을 고집하여 속내와 겉마음이 일
치해야 한다고 생각하기 때문에 야자타임에 있었던
일을 계속 머릿속에 남겨 두게 된다. 따라서 한국인은
야자타임을 만들어도 끝났을 때를 생각하여 말하기를
조심하고 주저한다. 이 때문에 야자타임이 일회성 해
프닝으로 끝나게 되어, 그만 흐지부지하고 말았다.[10]

이 설명을 조금만 더 파고들어가 보자. 한국 사
람들은 왜 속내와 겉마음이 일치해야 한다고 생각하
는 것일까? 혹시 한국에는 "본래의 엄격한 질서"라는
것이 존재하지 않기 때문일까? "중대한 의사결정"이
나 "강한 일체감" 같은 것은 엄격한 질서를 가진 조직
이라도 필요로 하고 적절한 방법을 고안해 이룰 수 있

---

10   최봉영, 앞의 책, 89~90쪽.

는 구체적인 목표다. 이에 반해 민주화는 바로 그러한 엄격한 질서를 부정하거나 해체하는 해방적이면서도 불안스러운 운동이다. 위치가 얼마든지 바뀌거나 무너질 수 있는 불안스러운 현실에서 무언가 믿을 수 있는 것이 있다면 그것은 이제 "본래의 엄격한 질서"가 아니라 "속내와 겉마음의 일치"일 것이다.

"민주화 열기가 한창 뜨거울 때" 야자타임을 수입하여 "서열을 파괴한 상태에서 자유스럽게 말을 주고받고자 시도하는" 일이 이해 못할 일은 아닌 것 같다. 그렇지만 일본의 야자타임이 흔들림 없는 수직적 조직을 전제하면서 문제 해결책으로 디자인된 것이라면, 한국이 수입한 야자타임에는 왠지 그런 디자인적 요소가 전혀 없는 것도 같고, 그저 낭만적 시도에 불과했던 것도 같다. 혹은 어쩌면 민주화의 욕망을 잘못 읽어 낸 것도 같다. 아무래도 민주화는 야자타임 같은 일시적인 서열 파괴로는 충족시킬 수 없는 욕망을 품고 있을 테니 말이다. 불안한 현실은 이따금 깊고도 먼 야망을 품는다.

뒤바뀐 현실

가라타니 부부를 만나기 얼마 전, 그러니까 2015년 여름, 나는 제주도 거로마을에 자리를 잡은 문화공간 양의 초대를 받아 그곳에서 네 차례 강연을 했다. 관장 김범진과는 서울에서 오랫동안 세미나를 같이 했기에 잘 알고 있는 사이였고, 양에서 일하는 기획자들도 강연 때문에 여러 번 만나 얼굴이 반가운 사이가 되었다. 나는 강연에서 잠깐 존비어체계 이야기를 했다. 강연이 모두 끝나는 날 나는 양 사람들에게 평어 실험을 제안했다.

우리는 해 질 무렵 해변가에 자리를 잡고 둥그렇게 둘러 앉아 가볍게 맥주를 마시면서 평어로 대화를 하기 시작했다. 규칙은 간단했다. 상대방을 부를 때 이름을 사용하는 것이었다. 가령 누군가가 나에게 말을 하려고 한다면 우선 나를 "성민"이라고 부르고 나서 말을 하는 것이다. 예를 들어,

"성민, 너는 어떻게 생각해?"

이렇게 디자인된 평어는 반말과 이름 호칭으로 이루어져 있었다. 평어 이름 호칭을 사용할 때 주의할 점은 "성민아" 같은 반말 호칭을 사용하지 않는 것이었다. 반말과 다른 점은 한 가지 더 있었다. 역시 이름과 관련이 있었는데, 가령 "금방 성민이가 한 말은……"이라고 하지 않고 "금방 성민이 한 말은……"이라고 할 것. 대화는 두 시간 가량 평화롭고 유쾌하게 이어졌다. 나이가 가장 적고 평소에 말수가 많지 않았던 기획자도 말을 자유롭고 자신 있게 하는 모습이 인상적이었다.

평어가 자연스럽게 느껴지는 데는 채 10분도 걸리지 않았다. 모두가 새로운 언어적 현실에 금방 적응했다. 대화가 깊이를 찾을 때 어둠은 짙게 깔렸고, 사람들은 이 새로운 시간이 저물고 있다는 것을 알고 있었다. 다시 우리는 존댓말을 쓰는 원래의 현실로 돌아가야만 했다. 나에게 평생 잊을 수 없는 기억이 된 그 순간, 존댓말을 쓰는 현실이 내게 너무나도 비현실적으로 느껴졌다. 평어는 이미 자연스러운 현실이 되어 있었고, 대화는 그 어떤 대화보다 즐겁고 인상적이었기 때문에, 나는 내 안에서 다시 존댓말로 돌아가야

할 아무런 이유도 찾을 수 없었다. 그리고 다른 사람의 눈에서도 나는 똑같은 기쁨과 아쉬움을 보았다.

이와 같은 경험을 한 후에 다시 그런 경험을 찾지 않는 것은 이상한 일일 것이다. 그것은 어쩌면 센게가 말한 '학습하는 조직'의 경험이었을지도 모른다. 그것을 경험한 이들 가운데 다수가 그러한 경험을 다시 겪어 볼 수 있다면 무엇도 아깝지 않다고 했다.[11] 그게 아니면 그것은 어쩌면 스캐리가 말하는 아름다움의 경험이었을지도 모른다. "아름다운 사물들은 (……) 언제나 그것들 내부에서 다른 세계들로부터의 맞이함을 운반한다."[12] 정말로 그때 어떤 다른 세계가 우리에게 "잘 왔어."라고 인사를 하는 것 같았으니까.

2016년 여름, 나는 같이 책을 읽는 모임에서 평어 사용을 제안했다. 그때 나는 제주도 실험을 기억하고 있었다. 우리는 공원 잔디밭에 모여 앉아 평어로 대화를 나누었다. 그렇지만 이 실험은 제주도 실

---

11   피터 센게 저, 강혜정 역, 『학습하는 조직』(에이지21, 2014), 25쪽.
12   일레인 스캐리 저, 이성민 역, 『아름다움과 정의로움에 대하여』(도서출판b, 2019), 63쪽.

험과 조금 달랐으며, 대화는 제주도의 대화만큼 흥미롭지는 않았다. 표면적인 원인 중 하나는 한 사람이 사적인 이야기를 처음부터 너무 길게 한 것이었다. 제주도의 대화는 말의 주고받음이 활성화되어 있었고 말을 한 사람이 길게 하지 않았다. 이 실패로 인해 나는 평어가 있어야 되지만 평어만으로 되지는 않는 어떤 것의 존재를 깨닫게 되었다. 그것을 X라고 불러 보자. X는 센게가 말하는 학습하는 조직일지도 모른다. 그런데 평어는 그것을 위한 필요조건이지만 충분조건은 아니었다. 그렇기에 나는 평어만이 아니라 대화 자체에도 관심을 갖게 되었다. 말도 디자인 문제로 볼 수 있듯이, 대화도 디자인 문제로 볼 수 있지 않을까 하고 말이다.[13]

---

13   대화의 문제와 관련해서는 센게의 『학습하는 조직』 11장을 읽어 볼 수 있다. 여기서 센게는 물리학자 데이비드 봄의 『창조적 대화론』(에이지21, 2011)에서 큰 영감을 이끌어 낸다. 시어도어 젤딘의 『대화에 대하여』(어크로스, 2019) 또한 대화를 다룬 훌륭한 책이다.

새로운 현실

2019년 여름 나는 을지로의 디자인학교('디학'이라 불리우는.)에서 정식 수업을 맡게 되었다. 학생 중 일부는 이미 나와 디자인학교 동아리 활동을 같이 했기에 친숙한 사이였다. 나는 이 수업에서 평어를 사용하기로 마음을 먹었다. 제주도 평어 실험이 좀 즉흥적이었다면, 이번에는 평어 사용 수업을 미리 설계하였다.

평어 실험에서 가장 신경이 쓰이는 부분은 이렇다. 일반적으로 반말은 거친 또래 집단 경험을 상기시키기 때문에, 혹은 존비어체계 안에서의 수직적 관계를 연상시키기 때문에, 성인들의 문화적 대화를 위한 자원으로 간주되지 않고 있다. 그렇기에 나는 평어가 문화적으로 디자인될 필요가 있다고 생각하는 편이며, 평어가 반말로 떨어지지는 않는지 신경을 써야 한다. 평어는 가령 은유 사용이나 유머 사용에서 전에 없었던 큰 자유를 주기 때문에, 평어 사용자는 그만큼 문화적으로 향상된 언어 사용에서 창조적인 태도가 될 필요가 있다. 존댓말을 사용할 때, 우리는 존댓말 규칙을 신경 쓴다. 반면에 평어를 사용할 때 우리는 말의 디자이너가 되어야 한다.

평어 사용 수업 첫 시간에 나는 눈 녹이기(ice-breaking)로 다음과 같은 형식의 인사 나누기 놀이를 디자인하여 진행했다.

경근   (보명을 보면서) "고마워, 보명."
보명   (경근을 보면서) "천만에, 경근."
        (상미를 보면서) "고마워, 상미."
상미   "천만에, 보명." "고마워, 지은."
지은   "천만에, 상미." "고마워, 재호."
재호   "천만에, 지은." "고마워, 경근."
경근   "천만에, 재호."

이 놀이는 한편으로 평어 사용과 이름 호칭 사용에 금방 익숙해지게 해 주며, 다른 한편으로 한국말 대화에서 거의 멸종된 "고마워"와 "천만에"의 교환을 활성화시킨다. 실제로 디자인학교의 평어 사용자들 사이에서 이제 이 교환은 자연스러워졌다. 디자인되지 않은 자연 상태의 반말 사용에서는 그렇지 않은 것을 생각했을 때, 우리는 이 새로운 자연스러움을 디자인 효과로 볼 수 있을 것이다. 나는 멀쩡한 이름을 놓아두고 별명을 사용하는, 전해 들리는 반말 실험들에 찬성하지 않는 편이다. 옆 사람의 이름을 부르는 데 익숙해지면, 바로 그 이름이 말 그대로 '고유명'이 된다.

디자인학교 1기 학생들의 평어 사용이 정착되었을 때 나는 새로운 소식을 듣게 되었다. 하나는 디자인학교에서 수업을 맡고 있는 정연두 작가가 학생들과 평어를 사용하기 시작했다는 것이었다. 그 시작은 연두가 아니라 학생들이었다. 이미 평어에 익숙한 학생들이 발표를 할 때 평어를 사용해서 했고, 나중에 평어 사용에 동의를 한 연두를 향해 "연두, 너는 어떻게 생각해?"라고 질문을 했다. 지금은 나와도 평어를 사용하는 연두는 그때의 느낌을 나중에 내게 전해 주었다. 즉 '너'를 사용한 평어 질문은 그 질문을 직접적이고도 진지한 방식으로 대하게 만든다는 것이었다. 대화가 아주 활성화되었던 연두의 수업은 학생들에게도 선생에게도 잊을 수 없는 경험이 되었다.

또 다른 소식은 디자인학교 동아리 활동을 통해서 평어 사용이 1기 학생들에게서 2기 학생들에게로 자연스럽게 퍼지고 있다는 소식이었다. 현재 평어는 존댓말과 함께 디자인학교의 주된 언어 중 하나로 자리를 잡았다. 그리고 마지막 한 가지 소식은 디자인학과의 성재혁 교수가 디자인학교의 평어 사용에서 영감과 용기를 얻어 학부 수업에서 평어를 사용하기 시작했다는 것이었다. 크리틱이 중요한 디자인 수업에서 평어 사용의 중요성을 일찌감치 알아차린 것일 수도 있다. 성재혁 선생의 시도에 용기를 얻은 나는 디자인학교만이 아니라 대학의 학부 수업에서도 평어를 사용하고 있다. 그리고 평어 사용은 '나'에게도 '너'에게도 작고도 새로운 현실이 되어 있다.

평어와 모험

평어는 언뜻 반말처럼 보인다. 스마트폰이 언뜻 휴대전화처럼 보이듯. 휴대전화는 기본적으로 전화기다. 전화기를 휴대할 수 있게 만든 것이다. 스마트폰은 인터넷도 할 수 있고 사진이나 동영상을 찍을 수도 있다. 전화는 스마트폰의 기능 중 하나일 뿐이다.

현재까지 개발된 평어를 구성하는 부품은 두 가

지이다. 하나는 이름 호칭이다. 그리고 다른 하나는 변형된 반말이다. 한국말에서는 이름 호칭이 거의 사라지기는 했지만 영어에서는 가장 선호되는 호칭법 중 하나이다. 반말은 아동기나 청소년기의 호칭법을 사회에서도 사용하는데, 가령 '언니', '형', '선배', '성민아' 같은 호칭이 그렇다. 이런 호칭은 가족 프레임이나 학교 프레임을 끌고 온다. 영어에서도 'bro'나 'baby'나 'son' 같은 가족 호칭을 사용하기도 하는데, 이때 그 영어는 평어가 아니라 반말이라고 보아야 할 것이다.

평어는 현재 이름 호칭과 변형된 반말의 결합이다. 이는 한국말에 존재하지 않는 형태의 결합이다. 그래서 평어는 전화기라기보다는 스마트폰에 가깝다. 다시 말해서 평어는 집 밖에서도 널리 사용할 수 있는 휴대용 반말이 아니라 새로운 종류의 말이다.

이름 호칭의 중요성을 영어학자 김미경은 이렇게 말한다. "존대법에서 벗어나서, 누군가를 이름으로 부른다는 것은 상대를 개성을 가진 한 개인으로 인식한다는 뜻이기도 하다."[14] 그렇기에 평어의 이름 호칭이라는 부품은 아주 중요하다.

평어가 안착을 한 집단이 생겨났을 때, 그리고 나도 그 집단에 포함되어 있을 때, 나는 사람들의 모임과 관계의 아름다움을 분명하게 볼 수 있었다. 우리는 평생 잊기 힘든 대화를 나눌 수 있었다. 그렇지만 아름다운 것을 볼 때 우리는 혹시나 하는 마음이 생기고, 그렇기에 "아름다움은 신중을 부추긴다."[15]

평어는 쉽사리 반말로 변질될 수 있다. 우리는 존댓말과 반말 각각이 평등 관계든 상하 관계든 다 사용될 수 있다는 사실에 주목할 필요가 있다. 윗사람은 아랫사람에게 반말을 하고 아랫사람은 윗사람에게 존댓말을 한다는 게 다가 아니다. 실은 윗사람과 아랫사람이 서로 존댓말을 쓸 수도 있고 서로 반말을 쓸 수도 있다. 가령 "언니, 지금 어디야?"라는 말은 상하 관계에서 서로 반말을 쓰는 경우이다. 나는 평어 실험 중 평어가 "언니, 지금 어디야?" 같은 반말로 빠르게 변질되는 경우를 목격한 적이 몇 번 있다.

평어에서 무엇이 더 개발되어야 하는지 아직은

14   김미경, 앞의 책, 43쪽.
15   일레인 스캐리, 앞의 책, 43쪽.

정확히 알지 못한다. "고마워"와 "천만에"의 교환 같은 일상적인 교환들이 새롭게 디자인될 수도 있을 것이다. 혹은 평어를 기반으로 하는 새로운 문학이나 영화가 나올 수도 있을 것이다.

한국어 학자 박영순은 존비어체계의 사용이 은유 사용에 영향을 준다는 것을 관찰했다. "청자가 누구냐에 따라 존대 등급에 따른 문장 어미도 달라지고, 호칭도 달라질 뿐만 아니라 은유적 표현의 사회적 수용성도 달라진다. (……) 손윗사람에게는 은유를 사용하는 것이 예절에 어긋나는 경우가 많다."[16] 따라서 평어를 사용할 경우 일상의 삶을 좀 더 풍요롭고 아름답게 만들어 줄 은유를 개발하는 일이 보다 쉬워질 것이다. 나는 유머의 경우도 그럴 수 있다고 본다.

평어가 우리보다는 서구권에서 자연스러운 형태였다면, 최근에는 어쩌면 그 서양에서도 평어가 반말로 급속하게 변질되고 있는 것일지도 모른다.[17] 이때

---

16   박영순, 『한국어 은유 연구』(고려대학교출판부, 2000), 6쪽.
17   반말에서 문화로의 이행을 뒤에서 잡아끄는 힘이 있다. 그것은 바로 '위락(distraction)'이다. 오늘날 놀이와 문화 사이에 위치한 위락은 놀이와 문화 양쪽 모두를 질식시킨다. 한나 아렌트가 예리하게 관찰했듯이,

우리는 문화 발달의 바탕에 평어 디자인이 놓여 있다는 가설을 세워 볼 수 있다. 반말은 문화를 꿈꾸기 시작하면서 비로소 평어로 변모한다.

조직 디자인과 함께

앞에서 나는 평어 실험의 실패로 인해 평어가 있어야 가능해지지만 평어만으로 되지는 않는 어떤 것 X의 존재를 깨닫게 되었다고 말했다. 잘 알려진 것처럼 히딩크호의 월드컵 성공은 평어 없이 이루어질 수 없었다. 그렇지만 히딩크호는 또한 학습하는 조직이었다. 히딩크호를 탑승한 선수들과 코치들의 여정을 어쩌면 우리는 '모험'이라고 부를 수 있지 않을까?

나는 평어를 모험의 언어라고 불렀다. 이때 모험이란 센게가 말하는 '학습하는 조직' 같은 것을 말한다. 평어 없는 모험이 불가능하지는 않다. 일본의 디자이너 야마자키 료의 커뮤니티 디자인 모험들이 알려 주듯이.[18] 그렇지만 정치적 민주주의가 실현된 곳

이때 가장 좋지 않은 역할을 하는 사람들이 바로 지식인일지도 모른다.

에서 평어 없는 모험은 불가능하다는 것이 나의 판단이다. 평어 디자인은 학습하는 조직 디자인과 함께 진행되어야 한다.

물론 "스티브 잡스나 에디슨도 ADHD라지만 (……) 아이폰이나 전구에 버금가는 발명을 하지 않는 이상" 같은 증상을 겪는 이들에게 위안이 되지 않듯,[19] 히딩크호의 위대한 월드컵 모험도 일상을 살아가는 사람들을 위한 모험의 부추김이 되지는 않을 것이다. 그렇지만 모임 대 모임의 수준에서 우리에게 "동등해진 느낌"[20]을 주는 배움의 공동체들은 늘 우리 주변에 있어 왔다.

나의 주변을 둘러보자면, 안양 천변의 농구장에서 게임을 하고 있는 청소년들, 그곳의 널찍한 광장에서 저녁이면 음악을 틀어 놓고 에어로빅을 배우는 사람들, 그곳 자전거 도로에서 단체로 자전거를 타고 지나가는 사람들, 교사인 아내가 가끔 이야기를 들려주

---

18 야마자키 료, 『커뮤니티 디자인』(민경욱 옮김, 안그라픽스), 2012.
19 정지음, 『젊은 ADHD의 슬픔』(민음사, 2021), 10쪽.
20 앞의 책, 10쪽.

는 지역 교원학습공동체, 민음사의 《릿터》 팀, 디학의 몇몇 학생들이 만들었던 크로키 배움 모임, 나도 가끔 꾸리곤 하는 독서 모임, 그리고 이제 평어를 검색하면 어렵지 않게 발견되는 온갖 평어 사용 취미 모임들. 언젠가 강물이 되어 흐를 평어의 작은 물줄기들.

술과 눈

"위하여!"

이 글을 읽는 여러분은 이 말을 어디서 들을 수 있는지 아마 알 것이다. 술집이다. 꼭 술집이 아니더라도, 사람들이 모여 다 같이 채워진 잔을 한 손으로 들고 있는 곳이라면 어디서든 들을 수 있다. 그들은 곧 "위하여!"라고 함께 외칠 것이다. "건배!"라고 외칠 수도 있고, "위하여!" 앞에 말을 더하여 "모두의 건강을 위하여!"라고, 행동과 말이 어긋나게, 그러건 말건, 외칠 수도 있겠지만 말이다.

이 '위하여'는 신기한 말이다. 우리는 위하여 앞의 무엇을 빠뜨리는 일이 정말 없다. 그런데 단 하나 이곳에서는 그 무엇을 안 넣는다. 둘도 없는 위하여의 용법. 그렇지만 추측해 볼 수 있다. 저것이 어떻게 탄생하였는지를. 대충 이런 순서였을 것이다.

"오늘은 무엇을 위하여 건배할까?"
→"그냥, 위하여!"

저 신기한 말을 개발한 사람들은 특별한 날 술을
마신다기보다는 즐겨 술을 마시기에 건배를 위한 무
엇 자원이 늘 모자랐을 것이다. 창의력은 궁핍에서 빛
을 낸다. 이제 '위하여'를 위한 무엇 자원은 무엇 하나
보탤 필요가 없는 무한 자원이 된다.
"위하여!"
이 말을 외칠 때, 위아래를 불문하고 말이 짧다고
느끼는 사람은 없다. 나이가 어리다고 해서 "위하여입
니다!"라고 말하지는 않으며, 부하 직원이 "위하여!"
라고 같이 외친다고 해서 뭐라고 하는 상사는 없다.
이 외침은 아주 짧은 순간이지만 평등과 단합의 외침
이다. 아주 짧은 순간.
여러분은 이 외침 뒤에 어떤 일이 발생하는지를
잘 알고 있다. 어떤 사람은 잔을 그대로 입으로 가져
가 그 안에 담긴 술을 입안으로 넘기지만, 어떤 사람

은 바로 그 행위를 하면서도 정면에는 보이지 않도록 하는 시늉을 한다. 즉 몸을 비트는 것이다. 그리고 많은 사람들이 이 이상한 행위를 '예의'라고 부른다.

"위하여!"의 순간은 단적인 평등과 단적인 불평등이 섞이는 순간이다. 아마 밥이 아니라 술이기 때문일 것이다. 밥을 먹으면서 몸을 비트는 경우는 없으니까. 안주를 먹으면서도 마찬가지. 꼭 술일 때만 그렇게 된다. 왜일까?

혹시 눈과 관련이 있지 않을까? 한국 사람들에게 눈을 마주치는 일은 쉬운 일이 아니다. 눈을 마주치는 일은 언어에서라면 평어를 쓰는 일과도 같다. "위하여!"를 기분 좋게 외치고는 술잔을 비울 때, 한쪽이 몸을 돌려야 한다는 이상한 규칙이 존재하지 않는 곳에서 사람들이 할 수 있는 가장 자연스러운 행동이, 거의 필연적인 행동이, 바로 눈을 마주치는 일이다.

그래도 좀 평등을 생각한다고, '윗사람'이 '아랫사람'에게 몸을 돌리지 말고 그냥 마시라고 말하는 것은 그렇게 어렵지는 않은 일일지도 모른다. 눈을 피하면 되니까. 서로 정면으로 술을 마시면서 우리가 할 수 있는 가장 좋은 일은 "위하여!"의 기분을 제대로 살려 그곳의 여러 새삼 반가운 눈들을 만나는 일인지도 모른다.

기현,
안녕?

"일상의 삶을 디자인의 눈으로
보기 시작한 곳에서,
언젠가 새로운 문학적 야망이
태어날지도 모른다."

수박이 생각나는 2022년 여름, 《릿터》31호에 실린 성장 글에서 나는 디학에서 출항하여 3년째 항해를 하고 있는 평어를 소개했다. 평어는 '이름 호칭 + 반말'로 구성된 새로운 한국말이다. 얼마 후, 디학 사람들 여럿이 모여 각자의 평어 경험을 글로 쓴 책 『예의 있는 반말』(텍스트프레스, 2021)을 세계에 내놓았고, 우리의 세계는 이제 그 책이 존재하는 곳이 되어 있다. 그러던 중 나는 평어의 씨앗이 디학 바깥으로 조금씩 퍼지고 있다는 것을 알려 주는 소식들을 들었다. 그 가운데 하나는 민음사 격월간 문예지 《릿터》의 팀원들이 그 책을 읽고 평어 실험을 시작했다는 것이었다. 이런 소식들을 들으면서 나는 이제 평어가 현재를 갖게 되었다고 생각했다. 두 개나 다섯 개의 새싹 같은 현재.

평어는 한국 사람들이 말 때문에 겪는 아주 오래된 문제를 해결하기 위해 태어났다. 그들이 문자 때문에 겪은 아주 오래된 문제를 해결하기 위해 훈민정음이 태어났듯. 개발자 세종의 손을 떠난 한글은 사용자들의 손에서 독자적인 생명을 갖게 되었다. 평어에 현재가 생겼다면 이제 그것의 생명과 운명은 사용자들의 손에 달려 있을 것이다.

나는 평어가 어떻게 개발되었는지를 보다 자세히 이야기해 보려 한다. 그러고 나서 앞으로의 평어 개발을 위해 필요한 각종 아이디어를 모으는 공유 상자 안에 나의 것을 몇 가지 넣어 두려 한다.

디자인 문제

평어를 통해 해결하고자 하는 너무나도 오래된 말 문제를 최봉영은 '존비어체계'라고 불렀다. 이 이름은 한국 사람들이 한국말 때문에 겪는 온갖 문제들을 응축한다. 평어는 이 문제를 해결하기 위한 디자인 해결책으로 고안되었다.

디학에서 처음 학생들에게 평어 사용을 제안했을 때, 나는 이 문제를 디자인 문제로 보았다. 오랜 시간을 인문학의 세계에 있었던 사람에게 어떤 문제를 디자인 문제로 보는 눈은 저절로 주어질 수 있는 것이 아니다. 디자이너 윤여경이 나를 그의 세계로 초대하지 않았다면, 지금도 나는 그 눈을 가지고 있지 않을 것이고, 평어 디자인을 생각하지 못했을 것이다.

학생 가운데 현직 디자이너도 많은 디학에서 그들과 교류를 하면서, 디자이너가 문제를 해결하는 이야기를 전해 들으면서, 그리고 나 스스로 디자인 이론을 공부하면서, 나는 온갖 문제를 디자인 문제로 보는 방법의 존재를 알게 되었다. 얼마 안 있어 나는 그 방법의 잠재력을 알게 되었고,[1] 그것에 이끌리게 되었고, 나 스스로도 사용해 보려는 야망을 품게 되었다. 오랫동안 꿈만 꾸었던 어떤 것에.

---

1   '사회적 디자인'이나 '커뮤니티 디자인'이라는 말도 있듯이, 오늘날 디자인 방법은 온갖 사회적 문제들을 해결하는 데도 사용되고 있다. 사회적 문제의 해결에서 정치의 역할이 너무나도 크기에, 나는 정치인들이 이 방법의 존재에 눈을 떴으면 좋겠다. 오늘날, 싸움 같은 낡은 프레임으로 해결될 수 있는 중요한 문제는 별로 남아 있지 않다.

어떤 문제를 디자인 문제로 본다는 것의 한 가지 함축은 우리가 겪는 고통이 어떤 것의 존재만이 아니라 부재 때문에도 생겨난다고 보는 것이다. 따라서 디자이너는 문제를 해결하기 위한 창조적 해결책을 찾는다.[2]

이점에서 디자이너의 일과 예술가의 일은 공통점을 갖는다. 그렇지만 존비어체계로 인한 온갖 고통들은, 일차적으로는, 창의적인 문학을 통해 해결될 수 있는 문제가 아니다. 즉 어떤 문제를 디자인 문제로 본다는 것의 또 한 가지 함축은 문제의 해결책으로, 『물고기는 존재하지 않는다』 같은 뛰어난 작품을 내놓는 것이 아니라, 의자나 스마트폰 같은 일상의 아이템을 설계하여 내놓아야 한다는 것이다.

[2]　일레인 스캐리는 창조 행위의 윤리성을 알아보는 드문 인문학자다. "고통을 가하는 일은 세계 파괴를 수반한다고 여기면서, 고통을 제거하는 일은 세계를 만드는 정신적·언어적·물질적 과정인 창조하기 활동을 핵심적으로 수반한다고 여기지 않는 것은 이상하지 않은가? (……) 창조하기에 윤리적 내용이 들어 있지 않다고 일반적으로 생각한다는 사실 자체가 (……) 우리가 얼마나 잘못되게, 또 단편적으로 창조를 이해하고 있는지 말해 준다."(일레인 스캐리 저, 메이 역, 『고통 받는 몸』(오월의봄, 2018), 36쪽.)

평어는 일상의 삶을 위한 아이템으로 설계된 것이다. 물론 평어는 언어이기에 그곳에서도 장차 새로운 문학적 야망들이 태어날 수 있겠지만.

앞서 제시하였듯 평어를 구성하는 두 가지 부품은 이름 호칭과 반말이다. 반말을 선택한 여러 이유를 다시 한번 종합해 정리해 보자. 첫째, 존댓말이 있는 언어는 한국말과 일본말 말고는 없다. 권위주의적 문화를 가졌다고 하는 중국의 언어도 존댓말은 없다. 둘째, 권지현이 예리하게 지적하듯, 반말은 "우리에게 가장 자연스러운 언어"이다. 우리는 극존칭을 사용할 때도 생각은 반말로 한다.[3] 생각을 자연스럽고 자유롭게 표현하려면 반말을 써야 한다. 셋째, 평등의 가치는 높이거나 낮춤으로써 실현되는 것이 아니라 동등할 때 실현되는 것이다. 반말은 평등이라는 시대정신에 부합하는 말이다. 우리는 한국 사람의 숙명과도 같은 언어적 불평등 상황을 바꿀 때도 되었다. 끝으로, 한국 사람도 싸움이 격해질 때는 서로 반말을 쓴

---

3   권지현, 「새로운 물결에 발 담그기」, 『예의 있는 반말』(텍스트프레스, 2021), 45쪽.

다. 싸움을 구경하는 사람도 그것을 이상하게 여기지 않는다. 한국 사람에게 없는 언어적 평등은, 정확히 말해서, 적대를 통해 생겨나는 평등이 아니라 우호를 통해 생겨나는 평등이다. 나는 이 우호를 통해 생겨나는 평등이 —— 모험의 낡고도 유구한 모형인 전쟁이 아니라 —— 새로운 삶의 모험 내지는 프로젝트를 위해 필요하다고 생각하게 되었다.

반말과 함께 사용되는 호칭들은, 새로운 관계 프레임의 창조를 가로막는 결과를 낳으면서, 늘 익숙한 프레임을 끌고 온다. 즉 '언니', '형', '세영아', '선배' 같은 호칭들은 가족 프레임과 학교 프레임을 끌고 온다. 이런 프레임은 성인의 자율적인 사회적 삶에 적합한 프레임이 아니며, 그렇기에 나는 이름 뒤에 붙는 '아'나 '야'를 제거하고 이름으로만 부르는 호칭을 사용해야 한다고 생각했다. 이때 분명 나는 영어식 호칭 프레임을 염두에 두고 있었다.

알다시피 기업에서도 영어식 호칭을 사용하는 시도가 있었다. 하지만 그때 기업은 이름 자체도 영어로 하였다. 영어 이름을 영어식 호칭법으로 사용하는 것은 한국 사람에게도 어색하지 않다. 그렇지만 한국 이름을 그렇게 부르는 것은, 가령 지현을 '지현'이라고 부르는 것은 어색하고 낯선 일이다. 그렇지만 그것은 혁신적 디자인 신제품이라면 늘 겪는 운명이다. 낯섦의 시간은 그렇게 길지 않으며, 곧 새로운 사용자 경험이 자연스럽게 들어선다. 디학에서 실제로 평어를 사용하기 시작했을 때, 평어 사용자들은 이름 호칭법에 금방 익숙해졌으며, 평등에 더하여 이름의 고유함을 얻었다.

반말에서 평어로

평어 사용이 우리에게 가져올 문화는 평등한 사람들의 문화인 '또래 문화'이다. 또래 문화는 바로 그 평등 덕분에 자유가 찾아오는 문화이다. 세계에서 가장 질좋은 자유의 산지 가운데 하나로 알려진 고대 그리스에 대해서 한나 아렌트는 이렇게 말했다. "그리스인들은 또래들 속에서가 아니라면 아무도 자유로울 수 없다고 생각했다."[4]

---

4   한나 아렌트 저, 홍원표 역, 『혁명론』(한길사, 2004), 99쪽. (원 번

하지만 대다수의 한국 사람들에게 '또래 집단'이
나 '또래 문화'는 고대 그리스가 자유를 듬뿍 마시면
서 이룩한 빛나는 문화적 성취 같은 것을 연상시키지
않는다. 오히려 또래 집단의 언어인 반말처럼, 거친
것들을 연상시킨다. 가령, 영화 「말죽거리 잔혹사」나
「써니」에서 볼 수 있는, 거친 말을 내뱉는 학창 시절
동년배 문화. 평어의 도입을 걱정스러운 눈으로 바라
보는 사람들 중에는 자신의 또래 경험이 이처럼 거칠
었던 사람이 없지 않다. 그리고 내게도 중고등학교 경
험은, 우정이 없지는 않았지만, 난폭하고 어두운 것이
었다.

하지만 내가 오래전부터 평어를 소망하게 만든
것 역시 또래 경험이다. 사실 그것은 좀 더 오래된 교
실 밖 또래 경험이다. 운동장이나 골목이나 친구 집이
나 놀이터에서 다양한 연령층의 또래들이 모여 다양
한 놀이를 했던 기억은 진지하면서도 무척 신났던 기
억이다. 오늘날 출생률이 줄듯 빠르게 줄고 있는 이

역문은 "그리스인들은 동료들과 함께가 아니라면 어느 누구도 자유로울
수 없다고 주장했다.")

자발적 또래 놀이 모임에는 몇 가지 특징이 있었다. 모임에는 나와 나이가 같은 친구들만 있었던 것이 아니라 놀이에 더 능숙한 형이나 누나도 있었고, 물론 미숙한 동생도 함께했다. 그렇기에 서로 배우고 가르치는 일이 자연스러웠고, 점점 더 정교해지는 놀이 수행이 있었다. 또한 나이와 상관없이 친근하고 평등한 반말을 사용했으며, 나이가 들수록 놀이 스킬이 발달하듯 말 스킬도 발달했다.

두 종류의 또래 집단이 있다.

A 동년배로 이루어지며 교사가 주도하는 수직적 수업이 주된 학습 모형이었던 교실 또래 집단. 이 집단은 동년배가 아닌 관계에서 급격하게 수직화되는 경향이 있다.

B 나이도 경험도 다양하며 서로에게 배우는 또래 집단.

A는 학습이 일방적이고 (시험은 있지만) 수행은 없다. B는 학습이 상호적이면서 즐거운 수행이 있다.[5]

인류학자 말리노프스키는 어른들이 배제된다는

점을 강조하면서 이 후자의 또래 집단을 "아이들의 공화국"[6]이라고 불렀다. 경영학자 피터 셍게는 놀이가 아니라 일을 하는 성인들의 조직도 아이들의 조직 못지않게 즐거운 배움과 수행의 경험을 준다는 것을 강조하면서 그것을 '학습하는 조직'이라고 불렀다. 셍게는 그것을 경험한 이들 중 다수가 그러한 경험을 다시 할 수만 있다면 그 무엇도 아깝지 않다고 했다고 말하였다.[7] 이 집단이 어떤 이름으로 불리건, 나는 그들이 하는 놀이나 프로젝트를 모두 '모험'으로 부르기 시작했다. 모험을 경험한 사람은 꼭 그것을 다시 찾는다.

　「말죽거리 잔혹사」나 「써니」 같은 영화를 지탱해 주는 또래 집단 경험은 A의 경험, 즉 동년배 또래

5　　나는 나의 경험을 바탕으로 말하고 있다. 나는 일반적으로 지금의 교사들이 예전의 교사들이 아니며 오늘날의 교실에 수행이 있다는 것을 안다. 같은 나이 기반이라는 사실이 아직 바뀌지 않았지만, 그리고 학교를 바라보는 매체들의 시선이 여전히 예스럽지만, 나는 학교가 예전에 비해 좋아졌다고 보는 편이다. 어떤 것이 변해 보이지 않는 것은 종종 보는 눈이 변하지 않기 때문이다.

6　　줄리엣 미첼 저, 이성민 역, 『동기간: 성과 폭력』(도서출판b, 2015), 19쪽.

7　　피터 셍게 저, 강혜정 역, 『학습하는 조직』(에이지21, 2014), 25쪽.

집단 경험이다. 거친 반말과 수직적 존비어체계가 뒤섞인 경험.[8] 반면에 B의 반말 경험은 거칠지 않다. 오히려 여기엔 더 잘하려는, 솜씨를 뽐내려는, 경쟁이 있다.

심리학자 피아제는 구슬치기 놀이 연구를 통해 아이들의 도덕적 발달을 연구하면서 놀이 규칙이 고정되어 있지 않고 혁신된다는 것을 관찰하였다. "제안되는 새로운 [놀이] 규칙 중에는 놀이의 흥미를 늘릴 것이기에 받아들일 가치가 있는 혁신들이 있다.(위험 가운데 쾌감, 기예를 위한 기예, 등등)"[9] 즉 기량이 높은 아이는 구슬을 따는 것보다는 더 복잡하고 어려운 놀이에 재미를 느끼고, 그렇기에 새로운 놀이 규칙을 함께 정하는 사회적 활동에 관심을 갖는다. 그러한 사회적 활동을 하면서 아이들은 말도 개발한다. 아이들은 규칙만이 아니라 말도 만들어 간다.

---

8   고등학교 시절을 직접 참조하는 이런 영화가 아니더라도 한국 영화는 거친 반말을 선호하는 경우가 정말 많아서 반말이 한국 영화를 지탱하는 중요한 기둥 중 하나일 것이라고 생각하지 않기는 힘들다.

9   Jean Piaget, *The Moral Judgment of the Child*, trans. M. Gabain, Glencoe: Ill., The Free Press, 1948, p. 57.

평어를 가지고 우리가 할 수 있는 일 중 하나는 B의 반말 자원을 문화적으로 개발하는 것이다. 가령, 평어 문학이나 평어 번역. 존비어체계가 없는 서양에서는 B의 반말 자원이 문학으로 자연스럽게 흘러 들어간다.[10] 반면에 존비어체계가 하나의 강력한 관점이 되어 있는 한국말의 경우 반말 자원의 문화적 개발이 지속적으로 방해를 받아 왔다.

예를 들어, 어린 시절 반말에서는 동사의 명사화가 활발하다. 가령 아이들이 놀이 규칙을 정하면서 "두 번 하기 없기!"라고 말할 때, 우리는 거기서 동사의 명사화를 발견한다.[11] 이것은 일종의 규칙이라서, 우리는 가령 '출입금지'의 한국말이 무엇인지 쉽게 생각해 낼 수 있다 —— '드나들기 없기'.

영문학자 스캐리는 이 동사의 명사화의 대가인 토머스 하디를 좋아한다. 가령, 한 소녀가 회전하는

---

10 그렇기에 서양물을 존비어체계로 번역하는 것은 실은 —— (한국)문화를 위한다는 구실을 내세우지만 —— 문화적으로 말이 되지 않는 일이다.
11 덧붙이자면, 여기서 우리는 한국말의 어떤 (시적인) 운율을 발견한다.

문을 통해 다른 세계로 건너갈 때 칠이 마르지 않은 문의 흰 페인트가 어깨에 묻는다. "바로 그렇게 해서 한 소녀가 회전하는 문을 통해 지나간다. 곧 그녀는 문을 통과한다. 잠시 뒤 그녀는 문 건너편에 있는데, 어깨 너머로 뒤돌아본다면 중간에 있는 라일락 덤불에 가려 그 문이 보이지 않을 것이다. 그 행위는 끝났다." 하지만 하디는 그 행위가 끝났어도 아직 그녀와 함께 있다는 것을 안다. 그렇기에 "우리는 그녀에게 '너는 어깨에 페인트가 있구나.'라고 말하는 게 아니라 '너는 어깨에 문 표면이 있구나.'라고 말하든가 아니면 '너는 어깨에 문을 통해 지나가기가 있구나.'라고 말할 수도 있을 것이다."[12] 이렇게 해서 동명사의 사용은 깊이를 얻으며, 잘 보이지 않던 삶의 사실을, 예컨대 사람은 추상적으로가 아니라 몸을 가진 존재로 활동하거나 노동하면서 세계와 상호작용한다는 사실을 잡아낸다. 우리는 두 시간 동안 장작을 팬 사랑하는 친구의 손에 난 노동의 자국을 보면서 "너의 손바

---

12   Elaine Scarry, *Resisting Representation*, New York and Oxford: Oxford University Press, 1994, p. 50.

닥에 두 시간 장작 만들기가 있어."라고 말할 수 있다. 그렇게 말할 수 있다고 어떤 시인이든 말해 주면 좋으련만!

'문을 통해 지나가기'나 '두 시간 장작 만들기'는, 나의 귀이기도 한 내 안의 아이의 귀에 자연스럽게, 그리고 아름답게 들린다. 그렇다면 우리는, 이미 자연스러운 꽃들을 꽃병 안에 다시 자연스럽게 넣는 방법이 있듯이, 이미 자연스러운 말들을 시나 이야기 안에 다시 자연스럽게 넣는 방법을 찾아볼 수 있을 것이다.

나는 금방 반말 자원 개발의 한 가지 가능한 길을 살짝 보여 주었다. 살짝 보여 준 것은 나도 살짝밖에는 모르기 때문이다. 우리는 아직은 뚜렷하지 않은 이 길을 '반말에서 평어로'라고 부르거나 '평어 문학의 길'이라고 부를 수 있을 것이다. 또는, 평어의 아름다운 꽃들을 피울 길.

너의 문제

평어는 반말을 사용하기 때문에 A의 반말로 추락할 위험이 늘 있다. 그렇기에 나는 우선 평어와 연동된 반말이 B의 반말이라는 것을 분명히 해 두었다. 이때 새로운 문학의 길을 조금이나마 제시해 보기는 하였지만, 우리가 친구의 손에 난 노동 자국을 보면서, 문학에 못지 않은 고양된 인지적 상태에서 실제로 "너의 손바닥에 장작 만들기가 있어."라고 말할 때, 우리는 평어의 기준과 깊이를 지금 처음으로 창조하고 있는 것이다. 이런 말에는 고양된 인지적 상태만이 아니라 용기도 필요하므로, 평어는 지금 막 모험을 시작한 것이다.

그리고 이제 이 아름다운 말에 '너'가 들어 있다는 사실을 눈여겨보자. 평어가 도입되면서 현재 내가 가장 중요하게 생각하는 새로운 문제 중 하나가 바로 이 너의 문제이다.

이 문제는 평어를 사용하는 것으로 곧바로 해결되지는 않는 문제 중 하나이다. 너의 사용은 여전히 쉽지 않다. 친한 사이에서만 너 사용이 이루어지고, 그렇지 않으면 이름을 부른다. "너는 어떻게 생각해?"가 아니라 "혜진은 어떻게 생각해?" 이 상태를 우리는 각자가 고유명은 찾았지만 아직 너를 찾지 못한 상태로 규정할 수 있을 것이다.

나는 너의 문제가 곧바로 해결되지 않는 것을 다행으로 여기는 편이다. 이 상태는 철학적으로 중요한 문제를 품고 있으며, 우리는 이를 성찰할 시간이 필요하다. 경험을 통해서밖에 말할 수 없지만, 평어를 사용하기 시작하는 집단은 아마도 얼마 있지 않아 너의 사용이 유예된 이 특이한 시간 속으로 들어가게 될 것이다. 너의 존재와 부재가 동시에 느껴지는 그 시간은 너의 의미를 성찰하기에 좋은 시간이다.

나는 예전에 너의 의미를 이렇게 규정한 적이 있다. "친구가 있기에 우리는 혼자 즐겼던 것을 삶 속에서 즐길 수 있다. '나의 것'은 홀로 즐길 때 생기는 게 아니라 친구가 옆에 있을 때 생겨난다. 너가 있어야 나는 비로소 나의 것을 갖는다. 바로 그것이 너의 의미다."[13] 이제 이와 같은 너의 의미를 지금 주어진 너의 문제에 적용할 때, 너를 찾지 못한 상태가 곧 나를 찾지 못한 상태라는 것을 우리는 이해할 수 있다.

나를 찾는 길은 적어도 두 가지다. 하나는 나를 들여다보는 것이다.[14] 다른 하나는 너를 찾는 것이

---

[13]　이성민, 『철학하는 날들』(행성비, 2018), 148쪽.

다.[15] 하지만 그 전에 우리에게는 반말 너 경험이 없지 않다. 이 반말 너 경험이 평어로 넘어오는 길을 찾는 것, 그것이 실천적인 너의 문제이다.

　　그냥 너를 쓰면 되는 것 아니야? 이렇게 질문할 수도 있을 것이다. 하지만 평어를 사용해도 여전히 사람들이 너를 잘 사용하지 않는 것을 보면 그게 그냥 쓸 수 있는 차원의 문제는 아닐 것이다. 나는 이 문제를 이렇게 풀이해 보려고 한다.

　　① "혜진아, 너는 어떻게 생각해?" "응, 나는 이렇게 생각해.": 반말
　　② "혜진은 어떻게 생각해?" "나는 이렇게 생각해.": 평어

14　　"지난 한 세기 동안 우리는 자기 성찰의 미덕을 믿도록 길러졌다. 하지만 '나는 누구인가?'라는 해묵은 질문만 되풀이해 봐야 앞으로 나아갈 수 없다. 스스로를 아무리 매력적인 사람이라 생각한다 해도, 한 개인이 자기에 관해 알 수 있는 것에는 한계가 있다. 다른 사람들이 무한히 더 흥미롭고, 할 말도 무한히 더 많다."(시어도어 젤딘 저, 문희경 역, 『대화에 대하여』(어크로스, 2019), 65쪽.)

15　　정기현의 표현을 빌자면, "가장 내적인 곳의 자아를 파고들며 인간적 본질을 마주하려는, 우리에게 이미 익숙한 '자아 찾기'의 길과는 전혀 다른 길".(정기현, 「자아 찾기의 반대 방향」, 《릿터》33호, 290쪽.)

③ "혜진, 어떻게 생각해?" "응, 이렇게 생각해.": 평어
④ "혜진, 너는 어떻게 생각해?" "응, 나는 이렇게 생
    각해.": 평어

　너의 문제는 ④를 도입하는 문제이다. 너의 문제
를 ④를 도입하는 문제로 보면 이것이 그냥 '너'라는
낱말의 문제가 아니라 문법 내지는 통사론의 문제라
는 것을 알 수 있다. ②와 ③에는 어떤 얼버무림이 있
다. 알다시피 한국말에는 존비어체계로 인해 말의 온
갖 얼버무림들이 있다. 우리는 말을 대충 하는 것이
다. 나는 이것이 한국말의 어쩔 수 없는 구조적 특징
이라고 보지 않고 개선될 수 있는 통사론적 결함이라
고 본다. 우리는 문짝을 대충 만들 수도 있고, 요리도
대충 할 수가 있고, 바로 그렇듯 문장도 대충 말할 수
있다. 우리는 대충 말하는 데 익숙하다. 대충 말하지
않는 것이 무엇인 줄 알아야 대충 말하는 것과 생략을
구분할 수 있게 될 것이다. 제대로 요리하는 것이 무
엇인 줄 알아야 재료가 몇 개 없어도 어찌해야 할지
아는 것처럼. 그리고 제대로 된 요리라면 철학적 성찰
반 큰술 정도로 깊은 맛을 낼 수 있을 것이다.

《릿터》팀의 평어 실험 소식을 듣고 얼마 있지 않아, 나는 한 가지 제안을 받았다. 팀원들을 대상으로 평어 워크숍을 해 줄 수 있냐는 제안. 평어 사용이 불편한 상황이 생겼다는 것이었다. 가령 팀장이 팀원의 실수나 잘못을 지적해야 하는 일이 생길 때, 평어 사용은 양쪽을 불편하게 만든다. 사적인 관계도 아닌 공적인 관계에 너무 많은 정신적 에너지를 쓰게 되고, 그렇기에 존댓말을 사용하던 때에 비해 말수도 줄어든다.[16]

나는 이 상황 역시 디자인 상황으로 이해했다. 해결책을 찾아야 하는 디자이너는 문제 상황을 새로운 눈으로 바라보면서 새로운 프레임을 창조한다.[17] 《릿

---

[16] 직업과 정서적 가치의 동떨어짐이 항상 진리였던 것은 아니다. "현대인은 자기 직업에 애착을 갖는다 해도 그것을 미술가들을 위한 주제로 제공하기 위해 선택하지는 않는다. 하지만 중세의 도상 속에서 직업에 커다란 중요성이 부여되었던 것은 사람들이 직업에 감성적인 가치를 부여했음을 보여 주는 징후라고 할 수 있다."(필립 아리에스 저, 문지영 역, 『아동의 탄생』(새물결, 2003), 538쪽.)

[17] 키스 도스트 저, 이성민 역, 『프레임 혁신』(도서출판 b, 2020). 이 책에서 디자이너이자 디자인 이론가인 도스트는 전문적 디자이너의 핵심 역량을 '프레임 창조'라고 부르며, 9단계 프레임 창조 과정을 모형화한다.

터》팀 워크숍에 나는 '평어 회화 개발'이라는 프레임을 도입하였고, 팀원들은 문제 상황별 평어 대화 모형을 개발하였다.

어떤 문제를 디자인 문제로 본다는 것은, 앞에서 말했듯이, 우리가 겪는 문제가 어떤 것의 존재만이 아니라 부재 때문에 생겨난다고 보는 것이다. 새로운 언어인 평어의 사용으로 우리는 평어의 도입 그 자체만으로는 해결되지 않는 새로운 문제 상황을 만나게 될 것이다. 그럴 때 우리는, 놀이를 하는 아이들이 새로운 놀이 상황에서 새로운 규칙과 말을 만들어 내듯, 상황에 맞는 새로운 평어 사용 규칙과 말을 만들 수 있다. 예를 들어, 평어 인사, 평어 축사, 평어 연설, 고마움이나 애정의 새로운 평어 표현, 비즈니스 평어……

평어 사용을 결심하는 조직은 그 결심과 더불어 말과 관계의 디자인이라고 하는 디자인 신기원의 상황에 들어가는 것일지도 모른다.[18] 그리고 일상의 삶

18　앞으로 평어 컨설팅 직업이 생겨난다면, 조직들이 평어를 도입하는 데 분명 도움이 될 것이다.

을 디자인의 눈으로 보기 시작한 곳에서, 언젠가 새로운 문학적 야망이 태어날지도 모른다.

마음을 읽을 때와
말의 순서

한국어와 영어의 차이 가운데 하나로 유명하게 알려진 것은 어순이다. '주어-동사-목적어(SVO)' 순서인 영어와는 달리 한국어는 '주어-목적어-동사(SOV)' 순서이다.

나는 너를 사랑해.
I love you.

이렇게 사랑하는 마음을 전하려고 할 때 SOV 순서는 아무 문제도 일으키지 않는다. 오히려 아주 직관적이다. 예를 들어 말이 아니라 손짓으로 이 마음을 전한다고 해 보자. 그러면 우선 나를 가리키고 다음으로는 너를 가리키고 마지막으로 하트를 그리는 것이

심지어 영어를 사용하는 사람에게도 자연스러운 순서이다. 사랑이 아니라 미움을 전할 때는 어떨까? 정반대 감정이라고는 하지만, 똑같이 효율적이다: "나는 너를 미워해." 하트 대신 뭐가 필요할지는 잘 모르겠지만.

한국어의 고유한 어순이라고 많은 사람들이 믿고 있는 SOV의 한 가지 문제가 있다면 그것은 OSV로 바꾸더라도 완전히 자연스럽다는 것이다.

너를 나는 사랑해.
너를 나는 미워해.

영어의 어순 SVO와 한국말에서 자연스러운 어순 OSV에는, 그런데, 한 가지 공통점이 있다. 그것은 바로 주어와 동사가 붙어 있다는 것이다. 즉 이 두 어순에서 우리는 "SV"라는 자원을 추출할 수 있다. 이것을 이제부터 나는 주동 자원이라고 부르겠다. 한국말 OSV의 자연스러움이 알려주듯, 한국말은 주동 자원이 없는 언어가 아니라 있는 언어이다. 한국말의 본질적 어순으로 간주되는 SOV에서는 주동 자원이 해

체된다. 주동 자원은 소설가에게는 반드시 있어야만 하는 자원이다. 나의 소설가 친구 희령의 것으로 예를 들어 보자.

"너희 집은 어디야?"
연기를 뿜어내며 내가 물었다.[1]

이것은 소설 「콘도르는 날아가고」의 한 부분이다. 여기서 주동 자원은 "내가 물었다."이다. 그것은 문학 이론가들이 '꼬리표(tag)'라고 부르는 것으로 사용되고 있다.

꼬리표가 꼭 꼬리에 있었던 것은 아니다. 『춘향전』을 읽어 보면, 주동 자원이 꼬리가 아니라 머리에서 사용되고 있는 것을 볼 수 있다.

이 도령이 묻는 말이,
"네 나이 몇이며, 이름이 무엇인가?"

1   부희령, 「콘도르는 날아가고」, 『구름해석전문가』(교유서가, 2023), 30쪽.

춘향이 아리따운 소리로 여쭈오되,
"소녀의 나이는 이팔이요, 이름은 춘향이로소이다."[2]

주동 자원의 매우 중요한 용도 중 하나는 어떤 말이나 생각이나 감정이 누구의 것인지를 알려 주는 것이다. 그 누구를 '출처'라고 해 보자. 주동 자원은 출처 꼬리표로 사용된다.

인간은 어떤 정보를 그냥 정보로 받아들이지 않고 출처를 붙여 받아들이는 능력을 획득하였다. 물론 더 이상 꼬리표를 달지 않는 정보도 있다. 가령 우리는 "태양 주위를 지구가 돈다."라는 정보에 출처 꼬리표를 달지 않는다. 그렇지만 서양에서 이 주장을 누군가가 처음 하였을 때, 그 주장에는 출처 꼬리표가 단단히 붙어 있었다.

이제 출처 꼬리표가 없다고 생각해 보자. 그럴 경우 우리는 어떤 정보, 어떤 말이나 생각이나 감정이 누구의 것인지를 구별할 수가 없다. 다시 말해서 단적으로 우리는 저마다 다른 사람들의 마음을 읽어 낼 수

---

2   송성욱 풀어 옮김, 『춘향전』(민음사, 2004), 191쪽.

가 없다. 다시 말해서, 한국말의 본질적 어순을 SOV 로 본다는 것은 한국말을 사람의 마음을 읽기에 매우 불편한 언어로 본다는 것이다.

읽어야 할 마음에는 차수가 있다. 예를 들어 "사랑이 끝났다고 해솔이 생각한다."의 경우는 해솔의 마음 하나만 있기에 1차 수준이다. 그렇지만 "사랑이 끝났다고 해솔이 생각하기를 도담이 원한다."의 경우는 두 개의 마음(해솔의 마음과 그의 마음을 품는 도담의 마음)이 있기에 2차 수준이다. 차수가 올라갈수록 마음을 읽어 내는 일이 어려워지는데, SOV를 고수할 경우 2차 수준이 사실상 한계다.

> **1차 수준** 해솔은(S) 사랑이 끝났다고(O) 생각한다(V).
> **2차 수준** 도담은(S) 해솔이 사랑이 끝났다고 생각하기를(O) 원한다(V).
> **3차 수준** 나는(S) 도담이 해솔이 사랑이 끝났다고 생각하기를 원한다고(O) 믿는다(V).

OSV를 선택할 경우 우리는 3차 수준에 그렇게 어렵지 않게 성공하며 4차 수준에 도전할 수 있다.[3]

3차 수준 사랑이 끝났다고 해솔이 생각하기를 도담이 원한다고 나는 믿는다.

　마음을 전할 때 SOV는 아무 문제도 되지 않는다. 그렇지만 마음을 읽을 때는 SOV가 아니라 OSV로 어순과 생각을 우리는 전환해야 한다. 그렇게 하여야 주동 자원을 우리는 손쉽게 사용할 수 있다.

　끝으로, 내가 보기에 한국어와 영어의 근본적인 차이는 SOV와 SVO의 차이만이 아니라 또한 OSV와 SVO의 차이이다. 즉 주동 자원이 뒤에 있느냐 앞에 있느냐의 차이. 그렇지만 한국어를 쓰건 영어를 쓰건 소설가들은 꼬리표의 위치를 자유자재로 사용할 줄 알았다. 버지니아 울프가 보여 주듯, 그것은 심지어 중간에 올 수도 있다.

3　인지과학 기반 문학 연구자 리사 전샤인에 따르면, 버지니아 울프의 소설은 6차 수준의 마음 읽기를 독자들에게 요구하는 경우가 있다. 이른바 '의식의 흐름' 소설들의 읽기 어려움은 마음 읽기 차수의 문제일 수 있다. Lisa Zunshine, *Why We Read Fiction*, Columbus: The Ohio State University Press, 2006, pp. 32~33.

"이 여인도 (레지아 워렌 스미스는 알아차렸는데) 윌리엄 경의 가슴속에 살고 있었다." [4]

---

4   Virgiria Woolf, *Mrs. Dalloway*, New York: The Modern Library, 1922, p. 151.

은유
충동

"사람들에게는 멈출 수 없는
은유 충동이 있다.
때로 그것은 정성껏 요리된
은유 농담이 되어 친구들을
즐겁게 해 줄 수 있다."

무엇을 눈여겨볼 것인지, 어떻게 이해할 것인지, 어떻
게 인생을 살아갈 것인지와 관련해서 시는 우리를 가
르칠 힘을 갖는다. 속담은 종종 그와 같은 시의 가장
단순한 형태로 간주된다.[1]

말 감수성

한국어 학자 김진해는 말 감수성을 키우는 일이 무척
어렵다는 것을 안다. 그에게 그것은 의식적으로 노력

---

[1]   George Lakoff and Mark Turner, *More than Cool Reason: A Field
Guide to Poetic Metaphor*, Chicago and London: The University of
Chicago Press, 1989, p. 160.

해야 하는 일이다. 가령 너무나도 매운 불닭볶음면을 먹었다고 해 보자. 한국 사람이라면 이 매움을 어떻게 표현할까? "헐!" "너무 매워!" "개매워!" 이러한 것들은 언어 감수성의 성숙을 보여 주는 말이 아니다.

김진해가 소개하는 유튜버 「영국 남자」의 동영상에 등장하는 영국 남학생들의 감수성은 좀 다르다. 불닭볶음면 먹기 도전에 참여한 그들은 그것의 매움을 이렇게들 표현하였다.

"두바이에서 피부가 아니라 내장을 태닝한 기분이야."

"영국이 축구 결승전에서 졌을 때보다 더 슬퍼 보여."

"이따 자전거 타고 집에 갈 때 입 벌리고 탈 거야."

"내 안의 아프리카 유전자가 도움이 될 줄 알았는데……."

"혀끝이 마비됐어, 치과 갔다 온 거 같아, 지옥의 치과."

"입 전체가 햇볕에 화상을 입은 느낌?"

"성경 구절 중에 가장 두려운 부분들만 입속에 딱 들어온 거지."

"나는 끝없는 공허 속에 단지 불타는 입술 한짝만으

로서 존재하고 있다."[2]

이 학생들은 매움에 괴로워하면서도 이렇듯 다채롭게 그것을 표현하면서 도전 시간을 즐기고 있었다.[3]

말 감수성의 문제는 노력을 하여도 잘 늘지 않는다는 것이다. 그렇기에 그것을 키우기 위해서는, 김진해의 표현을 빌자면, "강박적으로", "병적으로" 노력해야 한다. 그렇지만 저 영국 학생들의 말은, 매움의 고통 속에서도, 즐겁고 자연스럽다.

어렵게 노력하여 마침내 성취한 이후의 자연스러움일까? 아니면 한국말의 경우 말 감수성의 성장을 무언가가 자꾸 방해하고 있는 것일까?

거리감을 친밀감과 더불어

디학의 평어에는 묘한 거리감이 있다. 나도 디학에서

---

2   김진해, "입만 열면 갑분싸 만드는 사람들의 공통점", 「오마이스쿨」(https://www.youtube.com/watch?v=O25zJu1PHp0)
3   "영국 고등학생들에게 불닭볶음면을 줘 봤더니?", 「영국남자」(https://www.youtube.com/watch?v=0Pu--Gf98xY)

평어를 사용하고 있기 때문에 이 거리감을 모르지 않는다. 그것은 존댓말의 거리감과는 다르다. 또한 그것이 사라지면 평어는 반말과 다를 것이 없을지도 모른다. 김영서는 이 거리감을 친밀감과 더불어 이렇게 붙잡아 두었다. "평어의 겉 형태는 반말과 유사하지만, 반말의 친밀감을 가져오면서도 어느 정도의 거리감을 유지해 준다."[4]

존댓말의 거리감은 농담 사용을 어렵게 한다. "높임말을 쓸 때면 아무리 친해진다 해도 언어에 가로막혀 나오지 못하는 말들이 있다. 특히 농담들이 그렇다."[5] 반말의 친밀감을 가져오는 평어는 농담 사용을 안 가로막는다. 그렇다면, 농담 사용과 관련해서, 한편에는 존댓말이 있고 다른 편에는 반말과 평어가 나란히 있는 것처럼 보인다. 아래 도식에서 반말과 평어는 별 차이가 없어 보인다.

4   김영서, 「평어 맛」, 『예의 있는 반말』(텍스트프레스, 2021), 72쪽.
5   앞의 글, 72쪽.

존댓말 ⟷ 반말, 평어(농담의 유무[6])

그렇다면, 한국말에는 존댓말이 있어 말 감수성의 성장을 방해하는 것일까? 한국말에는 농담 사용이 자유로운 반말도 있지만, 그에 더하여 존댓말이 있기에 말 감수성 발달이 쉽지 않은 것일까?

존댓말이 농담 사용을 어렵게 한다는 것을 관찰한 김영서는 또한 평어 농담이 반말 농담과는 다르다는 것을 섬세하게 관찰한다. "평어에서의 농담은 반말을 사용해서 하는 농담과는 다른 맛이 있다. 평어를 사용한 농담에서는 조금 더 건강한 맛이 난다."[7] 그렇다면 반말을 사용한 농담에서는 조금 덜 건강한 맛이 날 것이다.

따라서 존댓말이나 반말을 사용하는 한국 사람들은 일반적으로 농담이 없는 대화나 덜 건강한 농담이 있는 대화를 경험한다. 물건을 사고파는 마트에 조

6   나는 통계적 언어를 사용하지 않고 편의상 단정적 언어를 사용하고 있다. 그렇지만 농담의 '유무'라는 표현으로 나는 존댓말에서 농담하기가 불가능하지 않다는 사실을 가리려는 것은 아니다.
7   앞의 글, 72쪽.

미료가 없거나 있어도 질이 떨어지는 조미료만 있는 상황이 지속된다면, 우리는 그 상황을 두 개의 상황이 아니라 **하나의 상황**으로 볼 수 있다. 질 좋은 조미료를 얻을 수 없는 상황. 마찬가지로 말을 주고받는 대화에 농담이 없거나 있어도 덜 건강한 농담만 있는 상황이 지속된다면, 우리는 그것을 하나의 상황으로 볼 수 있다. 더 건강한 농담이 없는 상황. 앞서 살펴보았듯 최봉영은 이러한 하나의 언어적 상황을 '존비어 체계'라는 하나의 용어로 붙잡았다.

앞에서 본 영국 남학생들의 반응은 매움에 대한 표현인 동시에 친구들과 주고받는 농담이다. 은유들로 풍부한 그것들은 말 감수성이 높은 "조금 더 건강한 맛"이 나는 농담들이다. 김진해가 말하듯이, 마지막 것은 시와 다를 것이 없다: "나는 끝없는 공허 속에 단지 불타는 입술 한짝만으로서 존재하고 있다."

김영서는 평어 사용자들의 농담에서 "평소에 구어체에서 잘 쓰지 않는 표현" 내지는 "번역 투처럼 느껴지는 문장들"이 쓰인다고 말한다.[8] 영국 학생들의

8   앞의 글, 72쪽.

농담들이 바로 그렇다. 약간은 어색한 이러한 말들에 의해 유지되는 평어만의 독특한 거리감은 평어 농담의 맛을 더 건강하게 만든다. 반면에 존비어체계는 말 감수성의 성장을 방해한다. 그것은 농담이 없거나 있어도 덜 건강한 하나의 상황을 지탱한다.

존비어체계 ⟷ 평어(농담 향유의 질)

은유

존비어체계는 말 감수성의 성장을 어떻게 방해하는 것일까? 그 방식이 몇 가지인지는 말할 수 없지만, 한 가지는 두드러지기에 말할 수 있다. 이제 영국 학생들의 농담으로 돌아가 보자. 우리는 그곳에서 은유가 풍부하게 사용되고 있는 것을 발견한다. 은유 이론에 혁신을 가져온 레이코프와 존슨의 통찰을 빌자면, "은유의 본질은 한 종류의 사물을 다른 종류의 사물의 관점에서 이해하고 경험하는 것이다."[9] 영국 학생들은

9   조지 레이코프·마크 존슨 저, 노양진·나익주 역, 『삶으로서의 은

매움을 다른 종류의 것을 통해 이해하고 경험한다. 예를 들어, 두바이에서 내장을 태닝한 기분을 통해, 영국의 축구 결승전 패배 기분을 통해, 지옥의 치과나 화상의 경험을 통해. 이렇듯 은유를 통해 우리는 인지적 확장을 제공받는다.[10]

존비어체계는 바로 이 은유의 발달을 제약하는 방식으로 말 감수성의 성장을 방해한다. 존댓말은 은유 사용 자체를 제약한다. "손윗사람에게 은유를 사용하는 것이 예절에 어긋나는 경우가 많다."[11] 그리고 알다시피 반말에서 사용되는 은유들은 "덜 건강한" 은유일 때가 많으며, '자식'이나 '새끼'처럼 욕설인 경우도 있다. 욕설은 은유 충동이 해소되는 가장 낮은 차원의 경로이다.

유』(박이정, 2006), 24쪽.

10   드라마 「이상한 변호사 우영우」에서 인상적인 장면 중 하나는 회전문 장면이었다. 회전문 통과를 어려워하는 우영우를 발견한 이준호가 "왈츠를 춘다고 생각하시면 어때요?"라고 제안하면서 시작되는 장면. 여기서 이준호는 인지적 확장을 가져올 은유를 통해 문제의 해결책을 제안한다. 은유는 이해와 경험의 차원을 넘어서서, 문제 해결의 힘을 갖는 중요한 언어 기능이다.

11   박영순, 『한국어 은유 연구』(고려대학교출판부, 2000), 6쪽.

드라마 「유니콘」에서 친구들과 평소 대화를 할 때 거친 반말을 사용하는 필립은 회사에서 평어 사용 문화를 도입하자 대표 스티브의 질문에 '반말 모드'로 발끈하여 이렇게 대꾸한다.

> **스티브** 자 우리의 휴먼 리소스 앰플리파이어 모니카가 야심 차게 준비한 아젠다가 또 있는데, 필립, 가지고 왔지?
>
> **필립** 가지고 왔지 짜식아. 이 새끼가 가만 보면 은근히 날 무시해.[12]

이 장면은 스타트업의 평어 사용을 이중으로 조롱한다. 한편으로, 스티브의 과장된 영어 사용으로 평어를 희화화하는 방식으로 그것을 조롱한다. 다른 한편으로, 필립의 은유 욕설을 통해 평어 사용의 디스토피아적 결과를 보여 주는 방식으로 그것을 조롱한다. 이 장면은 말의 평등과 아름다움이 한국 사람들에게는 어림도 없는 일이라고 말하고 있는 것만 같다.

---

12 쿠팡플레이 드라마 「유니콘」 제3화 "화폐전쟁" 중.

그렇지만 디학에서의 나의 직접적인 평어 사용 경험과 『예의 있는 반말』과 《릿터》 34호에 실린 다른 사람들의 평어 사용 체험기들은 "존비어체계의 굴레에서 해방[된]"[13] 평어의 새로운 길이 분명하게 있다는 것을 알려 준다. 그 길은 프로스트 시의 화자가 먼 훗날 한숨을 내쉬며 회고하게 될 "사람이 적게 간" 고독한 길이 아니다. 그보다는 오히려 우리가 "서로 동행자가 될 수도 있고, 잠깐 눈인사를 하고는 다시 각자의 길을 갈 수도 있는, 어디로든 이어질 골목들을 가진 양방향 길이다."[14]

---

13   최봉영, 『한국 사회의 차별과 억압』, 248쪽. 여기서 최봉영은 동기나 동갑을 만났을 때 상대를 '이 자식'이나 '이 새끼' 등으로 부르는 반말이 존비어체계의 굴레에서 해방된 말이라고 나오는 정반대로 진단한다. 그렇지만 "욕설을 주고받음으로써 형식적 권위주의에서 벗어나 보려고 애쓰는" 이런 반말은 여전히 존비어체계의 자장 안에 있다. 그렇지만 우리는 최봉영의 이 책이 평어가 존재하지 않았을 때 집필되었다는 것을 감안할 수 있을 것이다.

14   이성민, 「양방향 길, 가지 않은 길」, 《크리틱-칼》, 2019년 12월 4일.

속담

한국 사람들이 욕설보다 고상하게 은유 충동을 해소하는 빛바랜 방법으로는 사자성어의 사용이 있다. 국민의 힘 대표였던 이준석은 '양두구육'이라는 사자성어를 통해 은유 충동을 해소하였다. 그렇지만 알다시피 이 은유는 상대측에게 곧바로 욕설로 간주되었다.

사자성어 은유의 공격적인 사용이 항상 공격이나 욕설로 간주되는 것은 아니다. 조 바이든과 시진핑의 다섯 번째 화상 통화가 있던 날, 중국 외교부는 보도자료를 통해 대만 문제와 관련하여 시진핑의 말을 전하였다. "민심은 저버릴 수 없으며, 불장난하면 반드시 불에 타 죽는다." 백악관 고위 당국자는 이에 대해 기자들에게 이렇게 답하였다.

"우리는 이 발언을 규정하지 않을 것이다. 이 발언은 그들의 것이다. 시 주석은 지난해 11월 대화 때도 비슷한 표현을 썼다. 중국이 이 문제에 대해 주기적으로 쓰는 은유적 표현에 대해 분석하지 않겠다."

"불장난하면 불에 타 죽는다."라는 은유적 표현은 '완화자분(玩火自焚)'이라는 아주 오래된 기원의 사자성어를 옮긴 것이다. 시진핑은 '반드시 필(必)'을 더하여 "완화필자분!"이라고 하였다. 그의 이 공격적인 은유를 미국은 공격이나 욕설로 보지 않고 그냥 중국식 은유로 보았다. "이 발언은 그들의 것이다."

그런데 우리는 미국이 "그들의 것"이라고 본 사자성어를 오랫동안 우리의 것으로 여겨 사용해 왔다. 이를 통해 우리는 한편으로 손쉽게 남의 것으로 은유 충동을 해소하면서도, 다른 한편으로는 새로운 시대에 어울리는 우리의 새로운 말 은유를 개발하는 일을 미룰 수 있었을 것이다.

사람들에게는 멈출 줄 모르는 은유 충동이 있다. 때로 그것은 정성껏 요리된 은유 농담이 되어 친구들을 즐겁게 해 줄 수 있다. 그렇지만 기성품이 필요할 때도 있을 것이다. 저장고에서 신속하게 꺼내어 쓸 수 있는 속담이나 금언들. 평어 사용으로 겉이 아름답고 속은 새로운 지혜를 담은 은유들의 사용이 늘어나면 언젠가 평어의 나무에는 삶의 내비가 되어 줄 새로운 속담들이 탐스러운 열매가 되어 열릴 것이다.[15]

나는 김진해가 대학교 수업 시간에 학생들과 평어를 사용하기 시작하였다는 것을 알게 되었다.[16] 말 감수성의 성장에 관심이 큰 그가 평어를 사용하기로 한 것이 내게는 자연스러운 발걸음으로 느껴졌다. 나는 그곳 경희대의 학생들 사이에서 말 감수성이 강박적으로가 아니라 자연적으로 성장하게 될지 궁금하다. 나는 사람들이 언제쯤 화성으로 이주하여 살게 될지 정말 궁금한데, 그것보다 훨씬 더 궁금하다.

디학에서 사용되기 시작한 평어가 이제 막 민음사 《릿터》 팀에서도 사용되기 시작하였을 때, 나는 평어가 "두 개나 다섯 개의 새싹 같은 현재"를 갖게 되었다는 느낌이 들었다. 이제는 느낌이 좀 다르다. 평어는 지금 줄기가 자라나고 푸른 잎들이 핀 두 개

---

15   "'현대적'이라는 관념에 사로잡혀, 이제 속담 따위는 케케묵은 고려적 이야기가 되어" 있는 상황을 돌파하고자 김승용은 방대하고 체계적인 속담 수집 작업을 하였다. 이 수집물에는 속담으로 자리 잡을 가능성이 있는 현대속담도 포함되어 있다.(김승용, 『우리말 절대지식』(동아시아, 2021). 이 책은 최근에 알게 되어 아직 내용을 상세하게 검토하지는 못하였지만 인상적인 성취로 보인다.
16   "22학번이랑 '반말 모드'하는 50대 교수의 정체", 「스브스뉴스」(https://www.youtube.com/watch?v=4dMU83SZEy0)

나 다섯 개의 묘목 같은 현재를 갖게 된 것 같다.

후기
너를 찾아서

누군가가 나에게 가장 좋아하는 한국말 낱말을 묻는다면 나는 망설이지 않고 '너'라고 답할 것이다. 그다음으로 좋아하는 낱말은 '너'를 나의 가장 좋아하는 낱말로 만들어 준 '나'이다. '나' 옆에 세우거나 재우면 '너'는 가장 밝게 빛난다.

나   너

이 둘은 글자로 이렇게 아름답게 생겨났다. 그렇지만 원래는 소리로 먼저 태어났으니까, 그때 너희들은 나중에 글자로 이 아름다운 모양을 갖게 될 것이라는 꿈을 꾸었니?

　아니……, 한국말 '너'의 운명은 사실 그렇게 좋아 보이지 않아. 예를 들어, 가수들은 노래를 부르다가 가사에 '네가'가 나오면 '네가'라고 발음하지 않고 '니가'라고 발음한다. 가수들만 그러는 것도 아닌 이 '너'의 운명은 그래서 이중으로 슬프다. 우선 '너'가 아니라 '네'라서 슬프고, 그다음으로는 '네'가 아니라 '니'라서 슬프다. 그렇지만 이러한 운명의 슬픔은 그래도 낱말이 사용될 때의 것이다.[1]

　'너'의 훨씬 더 슬픈 운명은 따로 있다. 그것은 이 낱말이 점차로 사용될 일이 없어진다는 것이다. 가족이나 친구가 아니면 우리는 이 둘을 사용하지 않는다. 다시 말해서, 사회적 삶에서는.

　사람은 성인이 되어 본격적인 사회생활을 한다. 어떻게 보면 그것은 본격적인 삶의 시작이다. 한국 사람들은 그것을 위해 많은 것을 희생해 가면서 엄청난

1　사용될 때의 운명이 생각보다 나쁜 것은 아닐지도 모른다. '네가'라는 규범적 표현이 실생활에서 사용되는 경우는 거의 없다. 대신 '너가'나 '니가'가 사용된다. 그리고 '너가'가 '니가'보다는 덜 거친 표현이다. 글은 말을 따라가니 글에서도 '너가'가 널리 사용되는 날이 오겠지.

준비를 한다. 그리고 바로 그 삶이 시작될 때, 세상의 넓이가 본격적일 때, 그곳에서 '너'의 사용은 끝이 난다. 그리고 '너'가 사용되지 않는 곳에서 차츰 '나'도 사라진다. 아니면 '너' 없이 '나'만 남거나.

　　물론 모두가 서로를 존중하여 존댓말을 사용하는 그런 문화가 아닌 곳에서는 여전히 '너'를 사용할 수 있다. 아래가 아니라 위에 있다면. 아니면, 위에 꼭 있어야겠다면. 그렇지만 평등주의의 압력은 이제 마침내 일상의 언어에도 도달하고 있다. 그런데 그것은 이상하게도 "모두 존댓말을 사용합시다!" 쪽으로 방향을 잡을 수 있다. 지금 기업이나 대학이나 사회가 실제로 그렇듯. 모두가 존댓말을 사용하는 실천의 한 가지 필연적 함축은 사회적 삶에서의 '너'의 소멸이다. 본격적인 사회생활을 하면서 혹시 나가 사라지는 느낌이 든다면, 그게 혹시 너가 사라져서가 아닐까 하는 쪽으로 생각의 방향을 잡아 볼 수도 있을 것이다.[2]

2　　나는 이 문장에서 평소에 '내가'라고 해야 할 것을 '나가'라고 해 보았다. 그런데 '나가'와 '너가'가 모두 들어 있는 이 문장에서 '너가'보다는 '나가'가 더 어색하게 느껴진다면, 그것은 이것을 의미할 수 있다. '너'를 되찾을 수 있다면 그다음으로 '나'도 되찾을 수 있다는 것을.

평어 사용 속에 들어 있는 나의 개인적인 소망 중 하나는 바로 이 '너'를 그리고, 너를 되찾는 것이었다.[3] 그리고 나는 글쓰기 수업을 맡고 있는 디학에서 실제로 학생들과 평어를 쓰고 있다. 또한 평어를 통해 인연을 맺은 민음사 편집자들과도 평어를 사용하고 있다. 이렇듯 평어를 실제로 사용하게 되면서 발견한 가장 놀랍고도 궁금한 현상이 있다. 그것은 평어의 사용으로 '너'를 곧바로 되찾을 수는 없었다는 것이다. 평어 사용으로 곧바로 '너'를 되찾을 수 없다는 것, 그것이 내게는 평어의 경이로움이다.[4]

서로 존댓말을 쓰건 아니면 평어를 쓰건 '너'를 되찾을 수 없다는 것은 같다. 그렇지만 평어의 경이는

---

[3]   한국 사회에서 평어 대화의 정착을 늦어도 150년 후로 예측한 한 블로거는 '너'의 회복이 나만의 소망일 수 없다는 것을 알려 준다. 서양말처럼 존댓말이 없는 중국에서 오랫동안 살아 본 그는 평어 사용으로 "그 누구라도 '너'라고 부를 수 있게 되면, 상대방을 지위나 직업, 나이를 막론한 독립된 인격체로 일단 바라보고 대하는 것이 용이해질 것이다."라고 희망한다.(AMO, 「모두가 반말을 사용해 소통하면 어떨까?」, https://blog.naver.com/reborn247/223054485212)

[4]   나는 《릿터》에 한국말 '경이'를 신조어 '놀궁'으로 바꾸어 이 놀궁 감정에 대한 글을 연재로 기고하였다. 이 낱말을 사용해 보면, '평어의 경이로움'은 '평어의 놀궁'이다.

모든 경이가 저마다 하나의 모험을 품듯이 '너'를 되찾을 이야기를 모험으로 품고 있다. 존댓말에서 '너'는 소멸하며 되찾을 수 없다. 평어에서 '너'는 소멸하지 않으며 다만 곧바로의 방법으로 되찾을 수 없다. 이렇듯 곧바로의 방법으로 무언가를 되찾을 수 없을 때 우리는 "자, 그렇다면!"이라고 하면서 모험을 떠나곤 한다. 평어는 '너'를 새롭게 되찾는 모험의 언어이다. 그리고 이 너가 어떤 너일지에 대해서만큼은 나는 말 그대로 아무 생각이 없다.

추천의
글

윤여경
김진해
김미경
이혜민
강보원
임선우
문지혁
이수희

윤여경

그래픽디자이너, 디자인교육자. 현재 경향신문에서
그래픽디자이너로, 국민대학교 디자인대학원
겸임교수로 재직 중이며 디자인 공부 공동체인
'디학(designerschool.net)'에 참여하고 있다.

언젠가 성민이 제주도에서 했던 평어 실험 이야기를
들려주었다. 서로 이름을 부르며 반말 대화를 했더니
관계가 급속도로 가까워졌고, 마음속 깊은 대화를 할
수 있었다고. 이후 성민은 다른 모임에서도 평어 시도
를 했지만 기대처럼 되지 않았다. 나도 그 자리에 있
었다. 그때의 경험을 하나의 감정 언어로 요약하면
'어색함'이다. 당시 어색했던 이유는 평어의 의도와 목적을 제대로 이해하지 못했기 때문이다.

6년 전 나는 친구들과 디자인을 공부하는 대안학교, 디학을 시작했다. 몇 년 동안 성민의 철학 세미나에 참여하면서 성민의 철학이 디자인과 잘 어울린다는 생각이 들었다. 그의 철학이 디자이너들에게 큰 영감을 주리라 확신했다. 나는 성민에게 강의를 부탁했고 성민은 흔쾌히 허락했다.

디자이너는 모험을 좋아한다. 디학 학생들은 성민의 평어 이야기를 듣고 바로 실천에 옮겼다. 평어는 어느새 디학의 언어 문화가 되었다. 서로의 이름을 부르며 반말로 나누는 대화는 다양한 연령대의 디학 사람들을 독특한 관계로 이끌었다. 지금까지 경험하지 못했던 새로운 관계였다. 성민은 이 새로운 관계가 바로 '어른들의 우정'이라고 말해 주었다. 평어 덕분에 디학은 단순한 공부 모임을 넘어 새로운 우정 공동체를 확립할 수 있게 되었다.

오랜 시간 현대 철학을 연구해 온 성민은 한국 사회의 가장 큰 문제 중 하나로 기형적인 상하관계를 꼽았다. 한국 사람들은 성인이 되면 어린 시절과 같은 '우정'을 잃어버린다. 왜 그럴까? 성민은 이 문제의 원인을 언어에서 찾았고, 해결책도 언어에 있다고 생각했다. 이후 성민은 최봉영의『한국사회의 차별과 억압』(지식산업사, 2005)을 통해 한국과 일본에만 '존비어 체계'가 있다는 사실을 알게 되면서 잘못된 언어 관행을 바꿀 수 있다고 확신했다. 나아가 평어를 통해 관계와 조직 디자인도 가능하다고 느끼게 되었다.

　이제 나는 성민의 평어를 이해한다. 성민은 평어 개발자이자 전도사로서 한국 사회를 흥미로운 모험으로 이끌고자 한다. 한국 사람들이 지금까지 경험해 보지 못한 관계, 즉 어른들의 새로운 우정으로 안내한다고 할까. 이 책은 평어의 의도와 목적을 일목요연하게 정리하고 있다. 이런 점에서 나는 이 책이 어른들의 우정 지침서란 생각이다. 여러분도 평어를 통해 새로운 우정을 경험하길 바란다.

김진해

경희대학교 후마니타스칼리지 교수.

지은 책으로 『말끝이 당신이다』 등이 있다.

『말 놓을 용기』는 평어 쓰기가 단순히 관계를 말랑말랑하게 하고 분위기를 보드랍게 만드는 놀이가 아니라, 존비어체계에 균열을 가하려는 야심 찬 기획이자 철학적 열망의 산물임을 알게 해 준다. 말의 질서를 뿌리부터 바꿈으로써 진정한 관계를 발명해 보라고 용기를 주는 책이자, 동무의 범위를 무한대로 확장시키는 증폭기이다.

바삐 돌아가는 것처럼 보이는 대학은 내심 졸립고 지루하고 나른했다. 대학을 오가는 사람들은 적당

한 거리와 예절로 서로를 다치게 하지도 않지만, 서로 스며들지도 않았다. 백화점에서 물건을 사고파는 사람들처럼 잘 짜인 형식에 맞춰 지식을 사이에 두고 거래를 하고 있었다.

'나도 해 볼까?' 왠지 모르게 따라 해 보고 싶었다. 이 콘크리트 같은 대학 사회를 흔들 돌파구가 될지도 모르지. 아니 얄은 재미라도 있으면 어때! 새로운 걸 창안하는 것보다, 따라 하기는 그만큼 편하고 즐거웠다. 우리는 서로의 말을 기다리게 되었다. 준비된 말이 아니라, 그 자리에서 솟구치는 말을.

말이라는 장치는 그 말을 쓰는 사람의 행동과 사유를 강제한다. 그 말을 쓰는 사람을 몰아세운다. 정색을 하고 음미하지 않으면 그 손아귀에서 빠져나올 수 없다. 평어는 한국어를 다른 것이 아닌, 바로 그 한국어로 극복한다. 한국어의 내부에서 한국어를 뛰어넘는다. '반말'이라는 옛것을 재활용하고 동시에 '이름 호칭'이라는 낯선 걸 초대함으로써 친근함과 긴장감이 공존하는 독특한 방식으로.

올봄, 다른 대학의 졸업생 '소미'가 평어 수업을 맛보고 싶다며 청강을 했다. 어느 날 그는 나에게 '진해, 너가 말한 내용 중에 궁금한 게 있어……' 하면서 질문을 했다. 그는 나를 '너'라고 했다. 평어를 쓰면서 고민이 되었던 2인칭 대명사를 그는 쉽게 꺼내 썼다. 저자 이성민은 평어가 "'너'를 되찾을 이야기를 모험으로 품고 있다."고 했는데, 소미는 그 모험을 아무런 거리낌 없이 감행했다. 어쩌면 나는 평어를 연극적으로 대했다면, 그는 현실로 대했는지 모르겠다. 이렇듯 따라 하기는 계속 변주될 것이고 보충될 것이다.

김미경

영어학자. 지은 책으로 『영어학자의 눈에 비친
두 얼굴의 한국어 존대법』 등이 있다.

철학자이자 번역가인 이성민 작가는 한국어 문법의
핵심이자 21세기 민주사회와 화합하기 어려운 존비
어체계에 도전한다. 작가는 한국어 존대법의 문제점
제기를 넘어 문제 해결을 위한 방법을 모색하고 실천
하고 있다.

　『말 놓을 용기』는 평어의 가능성을 끊임없이 실
험해 온 작가의 모험 정신과 평어의 확산 과정을 보
여 준다. 2015년 여름 제주도 거로마을의 문화공간에
서 시작된 작가의 평어 실험은 2019년 디자인 공부 공

동체인 디학(디자인학교)에서의 평어 사용으로, 2021년 『예의 있는 반말』의 출판으로, 민음사의 《릿터》 팀원들의 평어 실험으로, 2022년 경희대 김진해 교수의 강의실에서의 전격적인 평어 사용으로, 2023년 이혜민의 유튜브 방송 「요즘 것들의 사생활」에서 평어를 사용한 인터뷰까지 다양한 분야에서 호응을 얻고 있다. 언어는 끊임없이 변하는 것이지만, 한 언어의 문법을 인위적으로 바꾸는 것은 매우 어려운 일이다. 작가는 그 어려운 작업에 도전했고, 그 도전이 설득력을 얻어 확산되는 중이다.

작가는 평어를 '모험의 언어'라고 불렀다. 존대법으로 세뇌되어 있는 한국 사회에서 반말처럼 들리는 평어를 대학교의 강의실에서, 직장의 사무실에서 위아래를 가르지 않고 사용하는 것은 모험임에 틀림없다. 평어 모험의 성공은 더 넓은 공간으로의 확산, 그리고 더 나아가 평어 사용으로 한국인의 의식 구조에 평등과 상호존중 의식을 뿌리 깊게 심을 수 있는가에 달려 있다.

한반도에서 한글 전용이 20세기 한강의 기적을 일으킨 문자 혁명이었듯이, 평어 쓰기가 성공하면

21세기 한반도에서 또 한 번의 기적을 일으키는 언어 혁명이 될 것이다. 한글 혁명에 이어, 평어 쓰기를 바탕으로 한 한국어 혁명을 기대한다.

이혜민

인터뷰 미디어 「요즘 것들의 사생활」
콘텐츠 디렉터.

'요즘 것들의 사생활'(이하 요즘사)이라는 이름의 인터뷰 미디어를 6년째 운영해 오고 있다. 자신만의 길을 만들어 가는 2030 또래들을 만나, 세상이 말하는 정답이 아닌 나답게 살아갈 수 있는 삶의 다양한 선택지에 대해 주로 이야기한다. 그런 요즘사에서 올해부터 새롭게 시도하고 있는 것이 있다. 바로 '평어'를 사용하는 것이다. 요즘사를 운영하며 나는 대단한 업적을 이룬 명사의 이야기보다는, 우리 곁에 비슷한 환경과 시대를 살아가는 사람들의 이야기가 우리 삶에 더

욱 유의미한 레퍼런스가 될 수 있다고 생각했고 그런 이야기들을 더 많이 담고 싶었다. 그러려면 좀 더 편안하고 진솔한 대화를 나눌 수 있는 환경이 필요하다고 느끼던 참이었다. 그러다 우연히 '평어'라는 언어의 존재를 알게 되었다. 나이와 경력을 넘어 관계 맺음이 자유로워지고 각자의 삶 그 자체에 집중할 수 있는 언어. 이것이야말로 우리에게 필요한 것이라는 생각을 하게 되었고 출연자들에게 평어를 쓰자고 제안했다. 물론 출연자들과 초면에 평어를 쓰기 시작했을 때, 어색하기도 하고 '이래도 되나' 싶기도 했다. 하지만 얼마 지나지 않아 신기하게도 오래된 친구처럼 편안하게 서로의 생각을 주고받고 있는 '우리'를 발견할 수 있었다. 확실히 서로 존댓말을 사용하던 인터뷰보다 훨씬 태도는 가벼우면서도 대화는 깊어진 것을 경험할 수 있었다. 더 신기한 경험은 그다음이었는데, 진행자와 출연자가 서로 평어를 사용하니 그걸 본 구독자들도 평어로 댓글을 남기기 시작한 것이다. 서로를 알아보고 응원해 온 오래된 관계 사이에 뭔지 모르게 가로막고 있던 벽 하나가 스르륵 녹아내린 기분을 느꼈다.

물론 평어가 마냥 편한 언어는 아니다. 종종 이런 배경을 모르는 어떤 사람들은 '왜 인터뷰를 반말로 하나요? 듣기 불편하네요.' 같은 댓글을 남기기도 한다. 우리는 이미 나를 낮추고 상대를 높이는 어법에 익숙해져 있고 그것이 예의 있고 매너 있는 것으로 여겨지니까. 하지만 오히려 그것이 더 깊고 친밀한 대화의 가능성을 제한하게 된다는 것을 알게 된 이상, 불편해도 계속 시도해 보고 싶다. 이곳에서만큼은 기성의 문법이 아닌 우리만의 문법으로, 사회적 위계, 직업, 경력, 나이 상관없이 평등한 존재로서 서로를 대하고 자유롭고 진솔한 대화를 나눌 수 있길 바라며. 그러다 보면 언젠가 평어가 요즘사처럼 서로를 발견하고 알아본 수많은 '우리들'에게 오아시스 같은 언어가 될 수 있지 않을까?

강보원

시인, 평론가.

시집으로 『완벽한 개업 축하 시』가 있다.

성민의 글 「우리는 수평적인 사회적 관계를 (얼마나) 원할까?」를 처음 읽었을 때 느꼈던 충격이 새삼 떠오른다. 이 글을 읽기 전까지 나는 문화란 그저 인간적인 활동의 양상들을 단지 표현하는 말이라고만 생각했다. 그러니까 인간이 어떤 방식으로 행동하든 그것을 하나의 문화라고 말할 수 있다고 생각했던 것이다. 하지만 성민이 "가족 안에서 형제자매 간에 서열을 정해 주는 데는 문화적인 이유가 있다고 보아야 한다. 하지만 사회적 관계에 그러한 서열을 도입하는 데는 문화적인 근거가 아무것도 없다. 오히려 거기서 우리가 발견(해야)하는 것은 문화의 결핍이다."라고 썼을 때, 나는 문화가 언제나 자동적으로 주어져 있는 것은 아니며, 문화가 우리의 삶의 형태를 만드는 만큼이나 문화의 결핍 또한 그렇게 할 수 있다는 사실을 배웠다.

　　문화와 문화의 결핍을 가르는 기준은, 성민에 따르면, 보편성의 유무이다. 그리고 여기에 우리가 평어를 사용해 보았을 때 곧바로 알게 되는 평어의 핵심이 있다. 이렇게 생각해 보자. 존비어체계 속에서 우리는 종종 관계에 따라 반말을 사용하며, 여러 이유로 내부적으로 반말을 사용하는 집단들 역시 어렵지 않게 찾아볼 수 있다. 그런데 그러한 반말의 사용은 보통 존비어체계를 오히려 필요로 한다. 그러한 사용에서는 존대어를 쓰지 않는다는 바로 그 사실로부터 얻어지는 내부적 결속력이 중요하기 때문이다. 그런데 평어의 사용 경험이 우리에게 말해 주는 것은 정확히 그 반대이다. 평어 사용의 경험으로부터 우리는 평어가 확장되기를 원한다는 것을, 그것이 본질적으로 하나의 방언에 머무를 수 없으며, 보편적인 소통의 방식이 되고자 한다는 것을 즉각적으로 느낀다. 평어는 존비어체계를 보완하거나 우회하거나 이용하는 것이 아니라 그 자체로 그것을 대체하고자 하는 하나의 체계이다. 평어 체계는 그 자신 안에 보편성을 품고 있으며, 따라서 본질적으로 문화적이다. 하지만 성민은 평어 사용을 문화적 과업이 아니라 하나의 모험으로서 제시한다. 모험은 그 과정이 결과만큼이나 중요한 대표적 활동 중 하나다. 그래서 이 책을 계속 읽어 가게 만드는 것은 어떤 급박함과 의무감이라기보다 새로운 발견과 만남으로부터 비롯하는 놀라움과 즐거움이다.

그리고 나는 여기에, 이 모험의 감각은 내가 성민의 글을 읽을 때 언제나 느끼던 것이기도 하다는 점을 덧붙여두고 싶다. 성민은 평어 디자인의 이른 탐구자 중 한 사람일 뿐 아니라, 내가 아는 한 가장 정확하고 아름다운 글을 쓰는 이들 중 한 사람이기도 하기 때문이다. 성민은 언제나 거절할 수 없는 모험을 제시했고 나는 그로부터 크나큰 즐거움을 누려 왔다. 이 즐거움을 나눌 사람이 더 많아졌으면 좋겠다.

임선우
소설가.
소설집으로『유령의 마음으로』가 있다.

우리 평어 쓸까? 재작년부터 나는 이 질문을 종종 받아 오다가, 최근에는 주변 사람들에게 먼저 평어를 쓰자고 제안하기도 했다. 평어를 쓰자는 제안은 나에게 일종의 게임 퀘스트 알림창처럼 느껴진다.

　[신규 퀘스트: 평어를 쓰시겠습니까?]

　☞ 수락한다 → 새로운 모험의 시작! 평어 쓰는 사이가 된다.

　☞ 거절한다 → 아직은 어색하네요……. 존비어체계

로 돌아간다.

그렇다면 평어 퀘스트를 수락할 시 주어지는 보상은 무엇일까? 평어는 업무 생산성을 높일 수 있는 무적의 아이템일까? 평어를 쓰면 사람들과의 친밀도가 올라갈까? 이성민 철학자의 글을 읽다 보면 평어 모험을 시작할 때 뜻밖에도 우리에게는 무언가 더해지기 이전에 무언가 빠져나간다는 사실을 알게 된다. 다음은 평어를 사용할 때 빠져나가는 대표적인 것들이다: 수직 관계, 권위주의적 문화, 말의 총량.

평어라는 모험을 떠나기 전에 불필요한 무거움을 훌훌 털어내는 일은 필수적이다. 가벼워지는 일이 선행되어야만 더 먼 길을 나설 수 있고, 새로운 것을 채워 넣을 수 있고, 신규 퀘스트를 받아들일 수 있을 테니까. 그뿐만 아니라 평어를 쓰는 순간 수직 관계의 높낮이가 사라지면서 우리는 관계의 탁 트인 벌판에 서게 된다. 거대한 산맥처럼 드리워져 있던 권위주의에서 벗어나 더 멀리 내다보게 된다. 벌판에 서 있는 것만으로도 두근거리는 마음!

어쩌면 이 책은 평어라는 모험을 떠나고 싶게 만

들어 주는 하나의 근사한 퀘스트 알림창이라고도 말할 수 있을 것이다. 그리고 그것을 일단 마음으로 수락하고 나면, 나도 모르는 사이 나를 더 깊고 넓은 모험으로 이끄는 더 많은 퀘스트와 마주하게 된다. 『말놓을 용기』를 읽는 동안 나 또한 내 안에서 솟아나는 시도들을 느꼈다. 그중 나를 가장 가슴 뛰게 했던 신규 퀘스트는 바로 '물 흐르듯 자연스럽게 평어를 쓰는 소설'을 써 보자는 것. 서로 모르던 사람들이 만나고 얽히는 장면을 자주 그리는 나로서는 대사를 쓸 때마다 늘 고민해 왔다. 존댓말을 쓰자니 그것이 내포하는 상하 관계가 부담스럽게 느껴졌고, 불쑥 반말을 쓰자니 공격적으로 느껴질까 봐 전전긍긍했다. 그러나 우호를 통해 생겨나는 평등한 관계를 평어로 자연스럽게 그려낼 수만 있다면, 내 인물들은 더 매력적인 은유와 농담을 주고받는 사이가 될 수 있지 않을까? 이쯤 되어서 가만히 앉아 상상만 하는 것은 모험가의 태도가 아니지. 써 보지 않은 지금으로서는 영영 모를 테니, 중요한 것은 이번에도 일단 뛰어들어 보는 것이다!

문지혁

소설가. 소설책『중급 한국어』『초급 한국어』
『우리가 다리를 건널 때』『비블리온』 등을 썼다.

뉴욕에서 대학생들에게 초급 한국어를 가르치던 시절, 나와 학생들 양쪽을 가장 곤경에 빠트린 부분은 존댓말이었다. 나를 낮추거나, 상대방을 높이거나, 이 두 가지를 동시에 혹은 반대로 해야 하는 한국어의 복잡하고 미묘한 존대법은 가르치는 사람과 배우는 사람 모두를 혼란과 탄식 속에 몰아넣기 일쑤였다.

존대법과 관련해 어떤 학생은 자신의 경험을 털어놓기도 했다. 분명 교과서에서는 '-(어)요?' 형태의 어미를 폴라이트 엔딩, 즉 예의 있는 표현이라고 배웠는데, 막상 처음 만난 나이 지긋한 한국인에게 "이름이 뭐예요?"라고 물었더니 불쾌해했다는 것이다. 나는 그 표현이 '충분히 예의 바르지' 못했기 때문이라고 변명하듯 설명했지만, 뒤돌아서는 다른 생각이 들었다. 대체 충분히 예의 바르다는 게 뭐길래?

언어는 우리의 내면을 구성하는 시스템이자 우리가 세상을 바라보는 방식을 형성하는 일종의 정신적 구조물이다. 그렇다면 한국어가 보여 주는 우리 내면의 풍경은 무엇일까? 개인이든 조직이든 자신에게 가장 부족한 가치를 밖으로 강조하기 마련이라는 내 가설에 비추어 보면, 난무하는 존댓말의 향연 속에 우리는 실상 누구도 존중하거나 존경하지 않는 건지도 모른다. 그러니까 이 기계적인 존비어체계 속에서 커피는 자꾸만 '나오시고', 물건은 '품절이시며', 정체 모를 '지인분'과 '팬분들'이 생겨난다.

이 책은 한국어로 이루어진 우리 내면의 부정확한 세계를 정확한 기본값으로 돌려놓는 시도이자, 언어 자체의 본질적인 기능과 역할을 묻는 날카롭고 진지한 질문처럼 느껴진다. 더불어 단순하지만 아름다운, 아니 단순하기 때문에 비로소 아름다운 평어의 세계로 독자를 부르는 매력적인 초대이기도 하다. 이제까지 나는 존댓말에 대한 불편보다 반말에 대한 거부감이 더 컸기 때문에 상호존대만을 원칙으로 살아왔지만, 이 책을 읽고 나서는 고백하지 않을 수 없다. 두려움 때문에 차마 발 디딜 수 없었던 존댓말 바깥의 세계를 기꺼이 탐험하고 싶어졌노라고. 이 모험을 가능하게 해 줄 평어라는 새로운 탈 것이 나는 더없이 반갑다.

이수희

만화가. 지은 책으로『동생이 생기는 기분』
『사진의 기분』『난 슬플 때 타코를 먹어』등이 있다.

오랜만에 판매자로 나간 아트북페어의 부스에서『말
놓을 용기』원고를 읽던 중, 재미있는 만남이 있었다.
함께 책을 만든 적 있는 삐약삐약북스 대표님을 우연
히 뵌 것이다. 우리는 먼저 반갑게 고개 숙여 인사했
고, 무엇을 읽고 있느냐는 대표님의 질문에 나는 의기
양양 평어에 대한 설명을 시작했다.

"예를 들어, 대표님께서 제게 '수희 작가님, 안녕
하세요'라고 하시지 않고, '수희, 안녕'이라고 하실 수
있는 거예요. 그럼 저는 '대표님, 안녕하세요' 하던 것

을 어……"

갑자기 말문이 막히고 눈빛이 멍해졌다. 그러자 그녀는 씨익 웃으며 말했다.

"제 이름은 정미예요, 작가님."

"아, 네, 그러니까, '안녕, 정미!'라고 인사할 수 있는 게 평어예요……."

귓불이 뜨거워졌다. 몇 년 간 교류해 온 감사한 사람의 본명도 제대로 기억하지 못하고 있었다는 사실에 스스로 어이없었다. 죄송한 마음에 책에 대한 소개를 급하게 이어 나갔고, 대표님은 평어에 큰 관심을 보였다.

"『말 놓을 용기』라니, 좋은 제목이네요."

그 말을 끝으로 우리 사이에는 잠시 침묵이 이어졌다. 신기했던 것은 그 짧은 공백의 순간, 대표님이 무엇을 생각하고 있는지, 다음에 무슨 말을 할지, 마치 미래를 아는 사람처럼 그려졌던 것이다.

"작가님…… 우리도 평어 할까요?"

나는 정미의 용기, '쉘 위 평어?'를 기다렸다는 듯이 재빨리 고개를 끄덕였다. 그리고 그녀에게 손을 흔들며 다시 인사했다. "안녕, 정미" 그러자 정미도 호응해 주었다. "안녕, 수희" 새로운 인사의 시작으로 주변의 공기가 바뀌었다. 우리 사이에 본래 존재했던 친근감과 거리감이 평어라는 언어의 토대 위에서 새롭게 변화하고 있었다. 각자의 용기를 한 스푼씩 맞대어 섞는 순간, '진정미 대표님'과 '이수희 작가님'이 '정미'와 '수희'로서 마주 볼 수 있는 일상의 화학. 이런 순간이 바로 평어가 만들어 내는 관계의 연금술이다.

그날 정미와 나는 다양한 대화를 나눴다. 나는 정미에게 아일랜드인 형부가 있다는 것, 아일랜드를 여행하며 영어로 대화할 때 느꼈던 자유에 대해 들을 수 있었다. 정미는 아이를 낳고 난 뒤에 남편과의 호칭이 이름에서 '솔이 아빠' '솔이 엄마'가 된 것이 아이러니하다는 이야기를 해 주기도 했다. 나는 "정미, 그건 진짜 한국적이면서 슬픈 변화다."라고 했고, 정미는 "그치?"라고 답했다. 그리고 바로 방금 전까지 그녀의 이름도 똑바로 기억하지 못했던 나는 "안녕, 정미!"라고 인사하며 헤어졌다.

집으로 돌아가는 길, 정미와의 대화가 현실적이면서 비현실적인 것 같아 웃음이 났다. 정미는 여전히 내게 삐약삐약북스의 대표이기도 했지만, 정미라는 사람 그대로이기도 했다. 나는 이제야 정미를 만났다. 앞으로 정미의 이름을 잊을래야 잊을 수 없을 것이다. 정미에게 나 역시 그럴 것이라 생각하니 설렌다. 이것이 단지 『말 놓을 용기』라는 제목의 책을 읽고 있었을 뿐인데 일어난 일이라니! 어쩌면 '말 놓을 용기'를 지닌 용사들이 이 책을 토템처럼 기다리고 있는 것이 아닐까?

발표 지면

이 책에 실린 글들은 모두 평어에 대한 글이다. 「우리는 수평적인 사회적 관계를 (얼마나) 원할까?」만은 예외인데, 그것은 평어와 관련이 있지만, 아직은 본격적인 평어 실험을 시작하기 전에 쓴 글이다. 내게는 어떤 시작 같기도 하여서 싣는다. 각각의 글들은 그것이 쓰인 시간과 맥락에서 벗어날 수 없다. 그렇지만 중복되는 내용을 포함해서 몇 가지는 지금의 시간에 맞추어, 그리고 한 권의 책에 필요한 약간의 일관성을 위해서 수정을 하였다. 이 책을 위해 새로 쓴 글들을 제외한 그 글들의 발표 장소와 지면은 이렇다.

　　── 「수평적인 사회적 관계를 (얼마나) 원할까?」
　　　　：《르몽드디플로마티크》, 2014년 10월 30일.

──「모험의 언어」

　: (2019년 8월 16일, 탈영역우정국 디자인캠프에서 발표)

　권지현 외, 『예의 있는 반말』(텍스트프레스, 2021).

──「평어와 세 개의 현실」

　: (2020년 12월 5일, 한국디자인사학회 학술대회에서 발

　표)『예의 있는 반말』.

──「기현, 안녕」

　:《릿터》34호.

──「평어와 또래 생각」

　:《뉴래디컬리뷰》, 2022년 겨울호.

──「은유 충동」

　:《릿터》39호.

말 놓을 용기

1판 1쇄 펴냄	2023년 8월 18일
1판 2쇄 펴냄	2023년 10월 27일

지은이	이성민
발행인	박근섭, 박상준
펴낸곳	(주)민음사

출판등록	1966. 5. 19. (제16-490호)
주소	서울시 강남구 도산대로1길 62
	강남출판문화센터 5층 (06027)
대표전화	02-515-2000
팩시밀리	02-515-2007
	www.minumsa.com

© 이성민, 2023. Printed in Seoul, Korea

ISBN	978-89-374-2618-6 03100

*	잘못 만들어진 책은
	구입처에서 교환해 드립니다.